I0481075

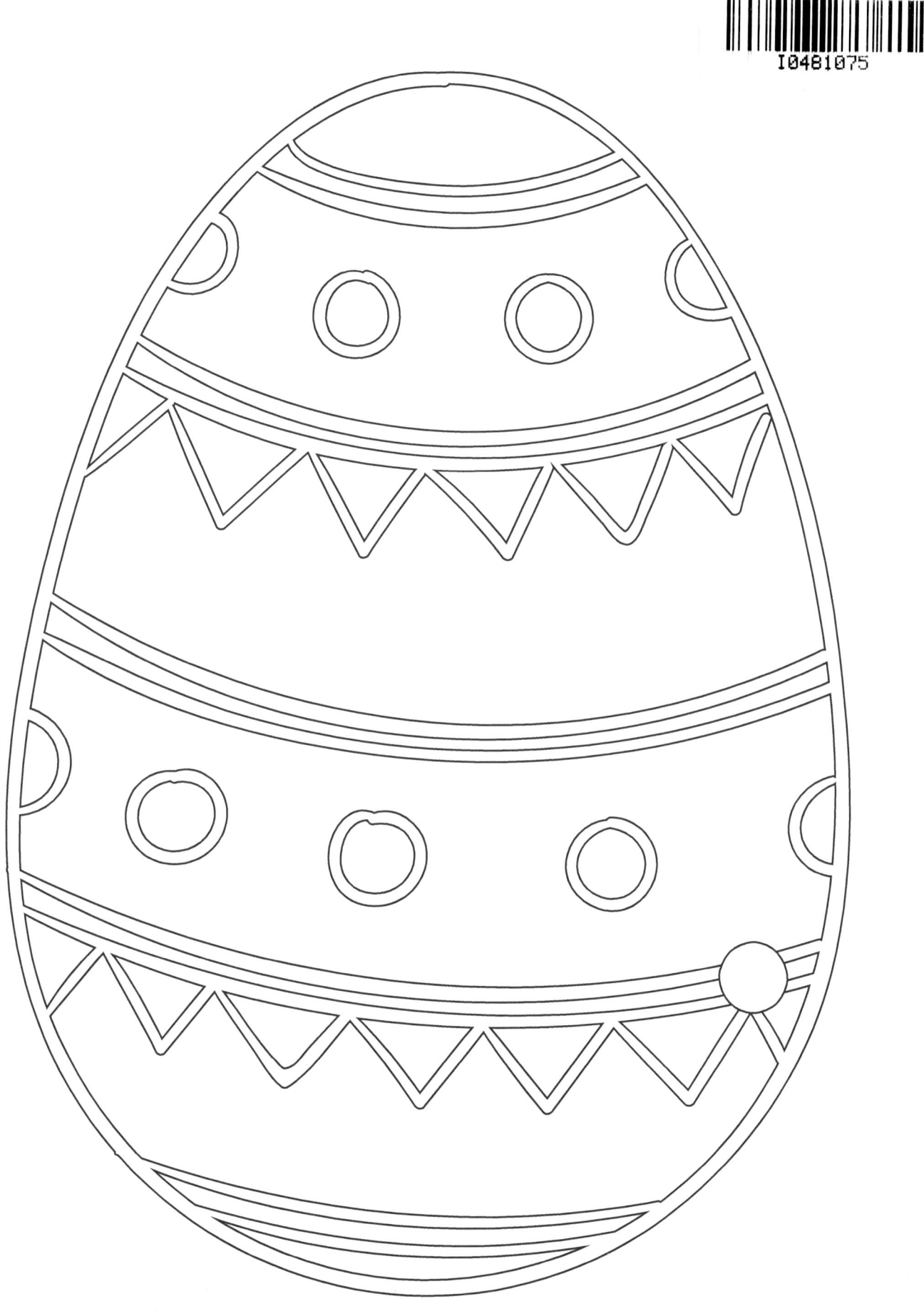

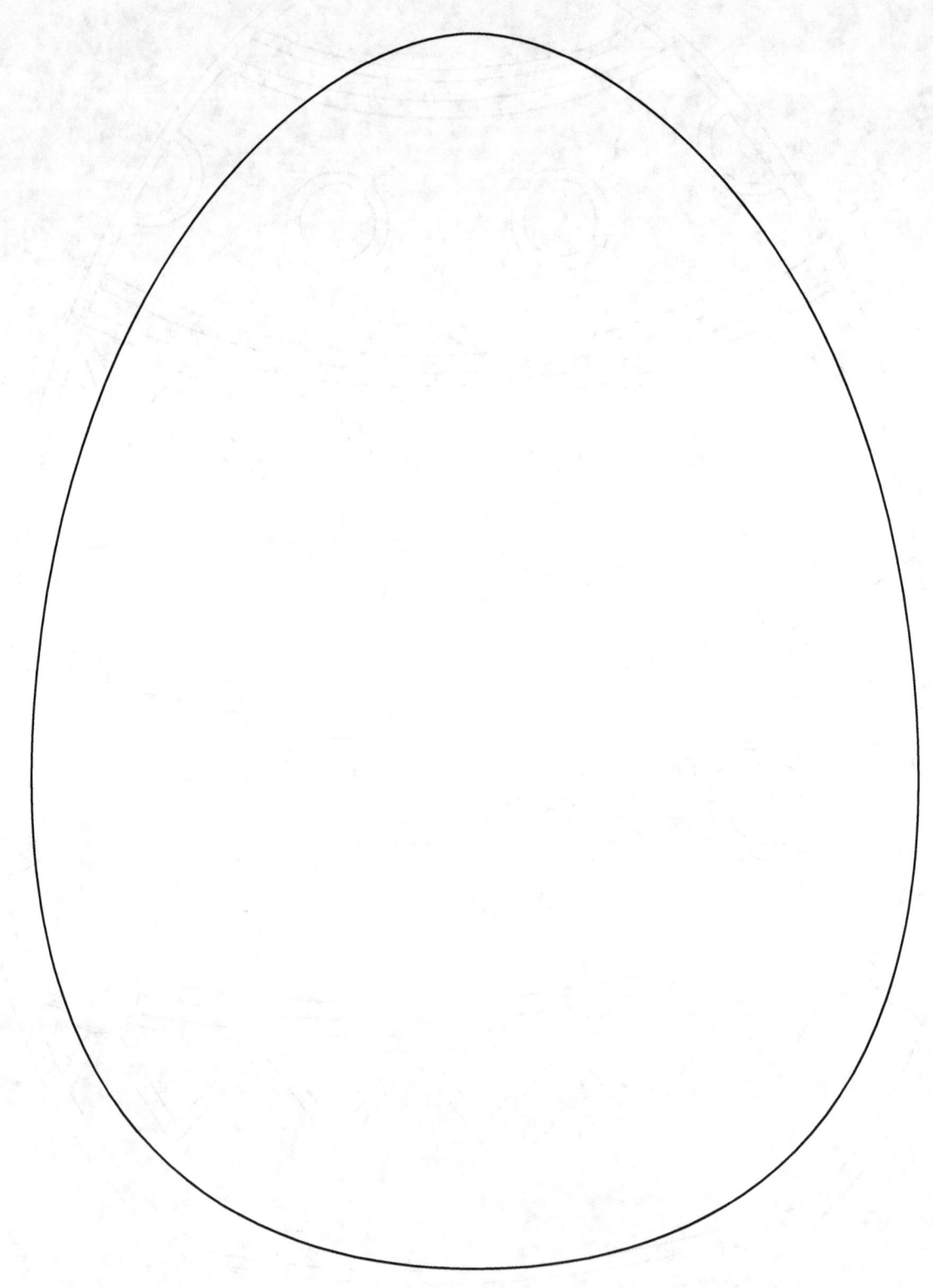

DRAW AND COLOR

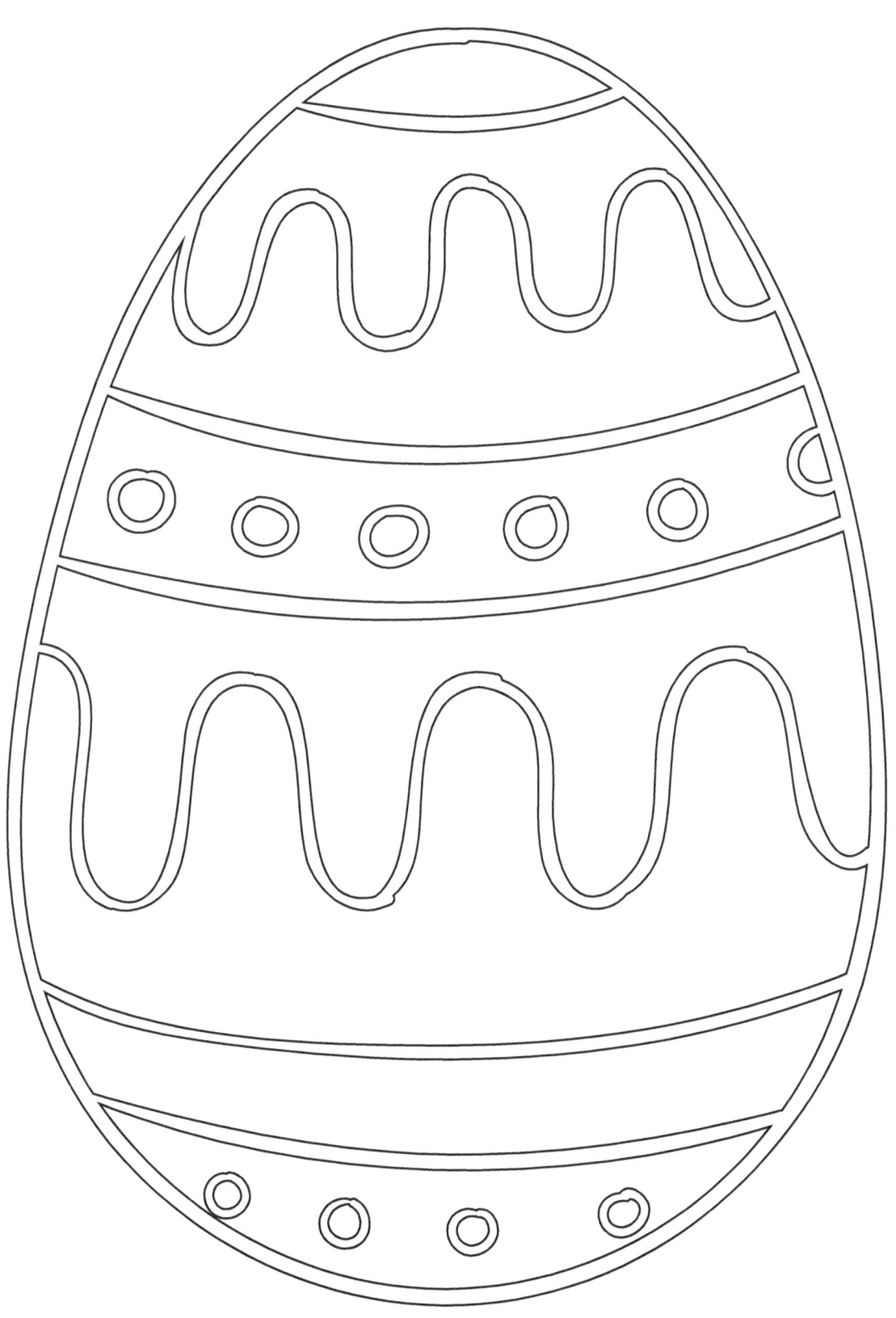

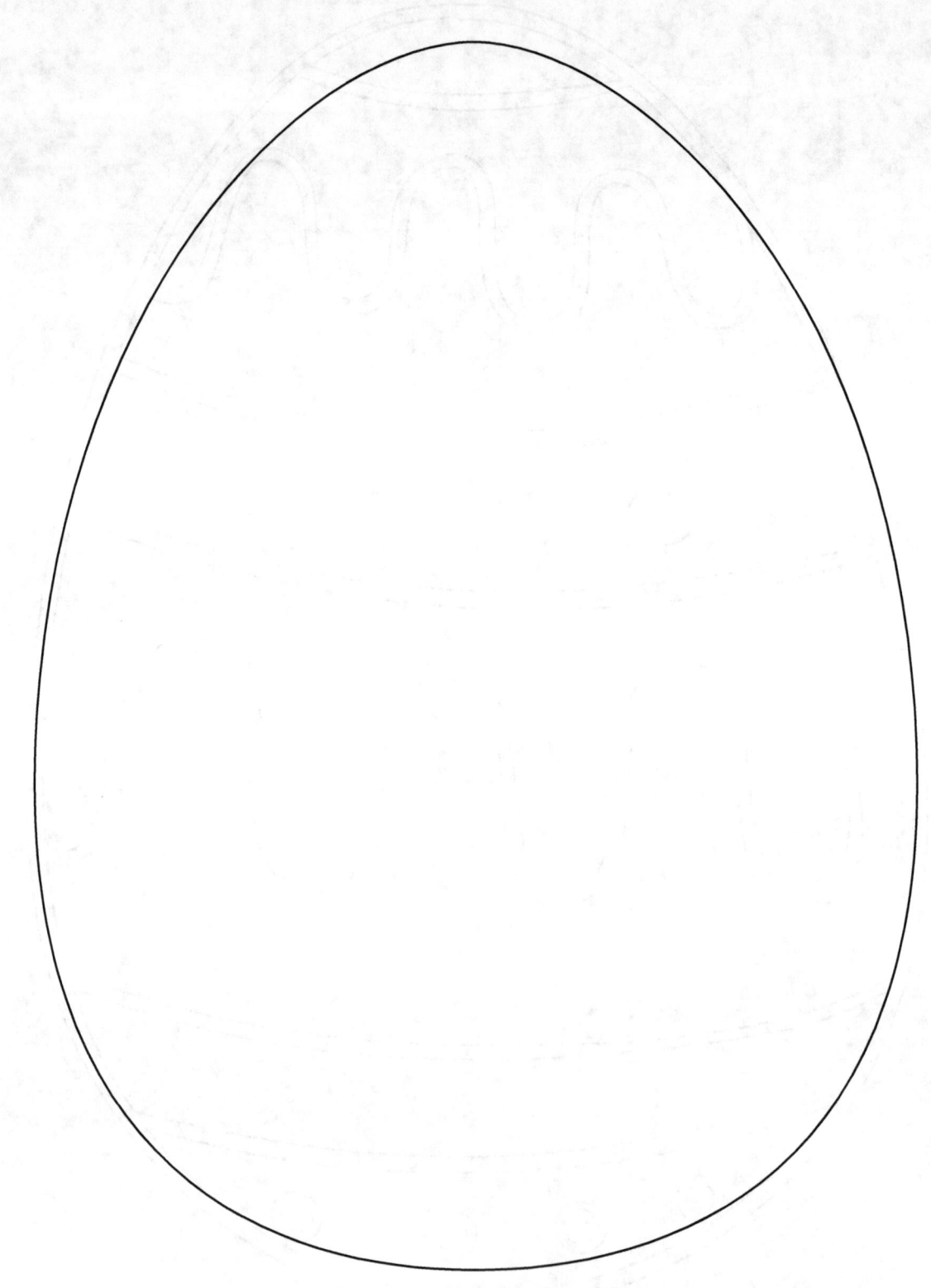

DRAW AND COLOR

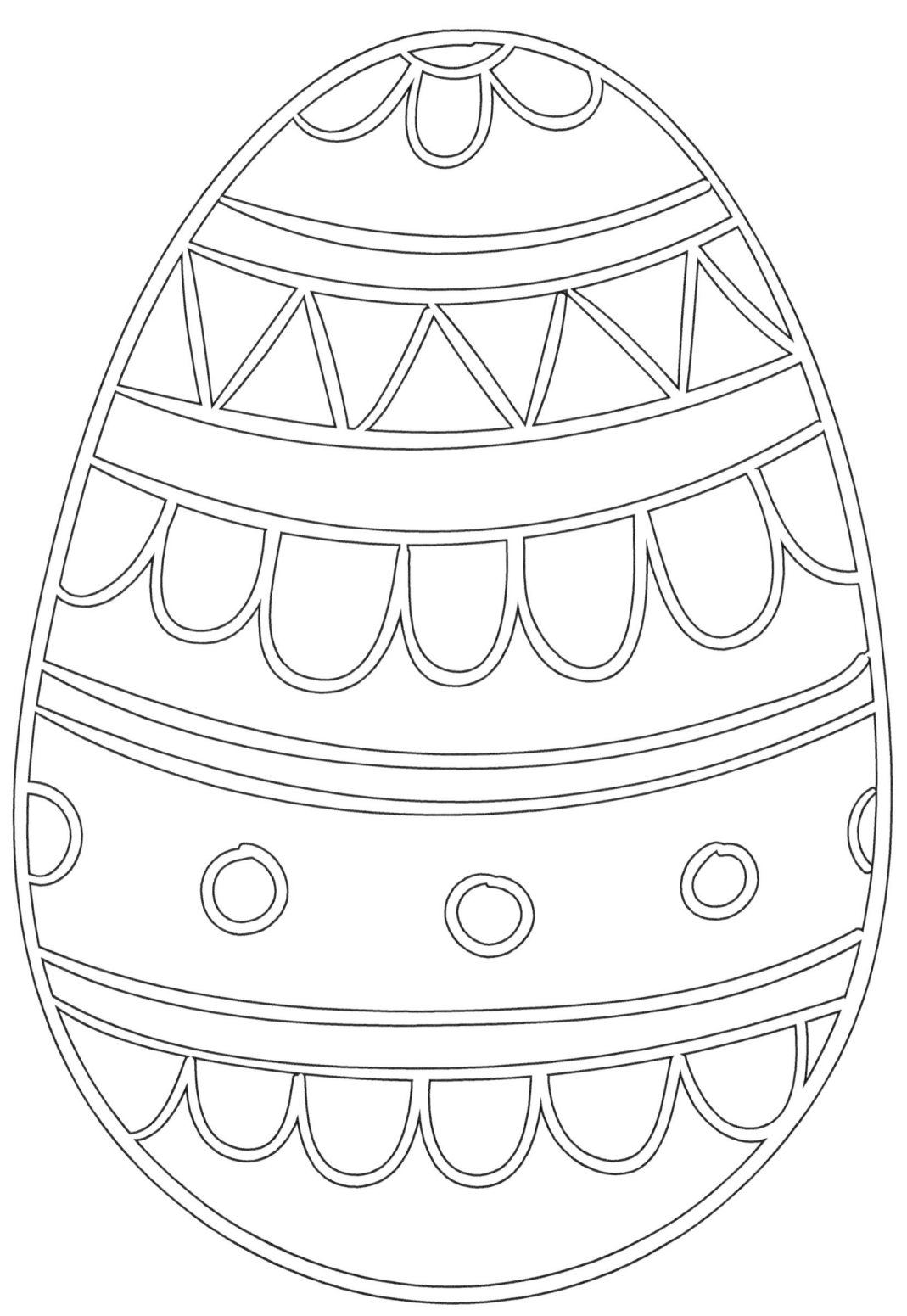

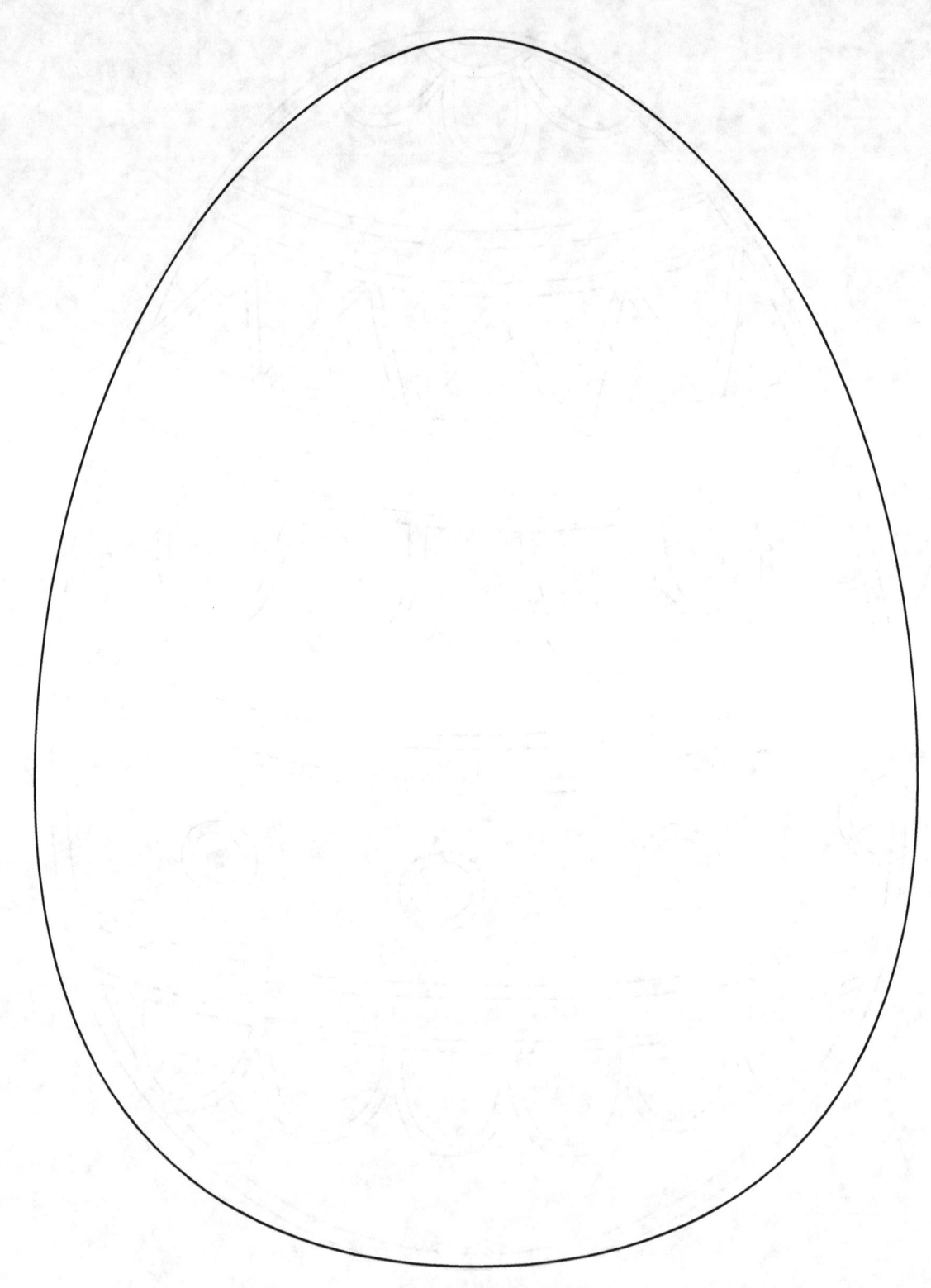

DRAW AND COLOR

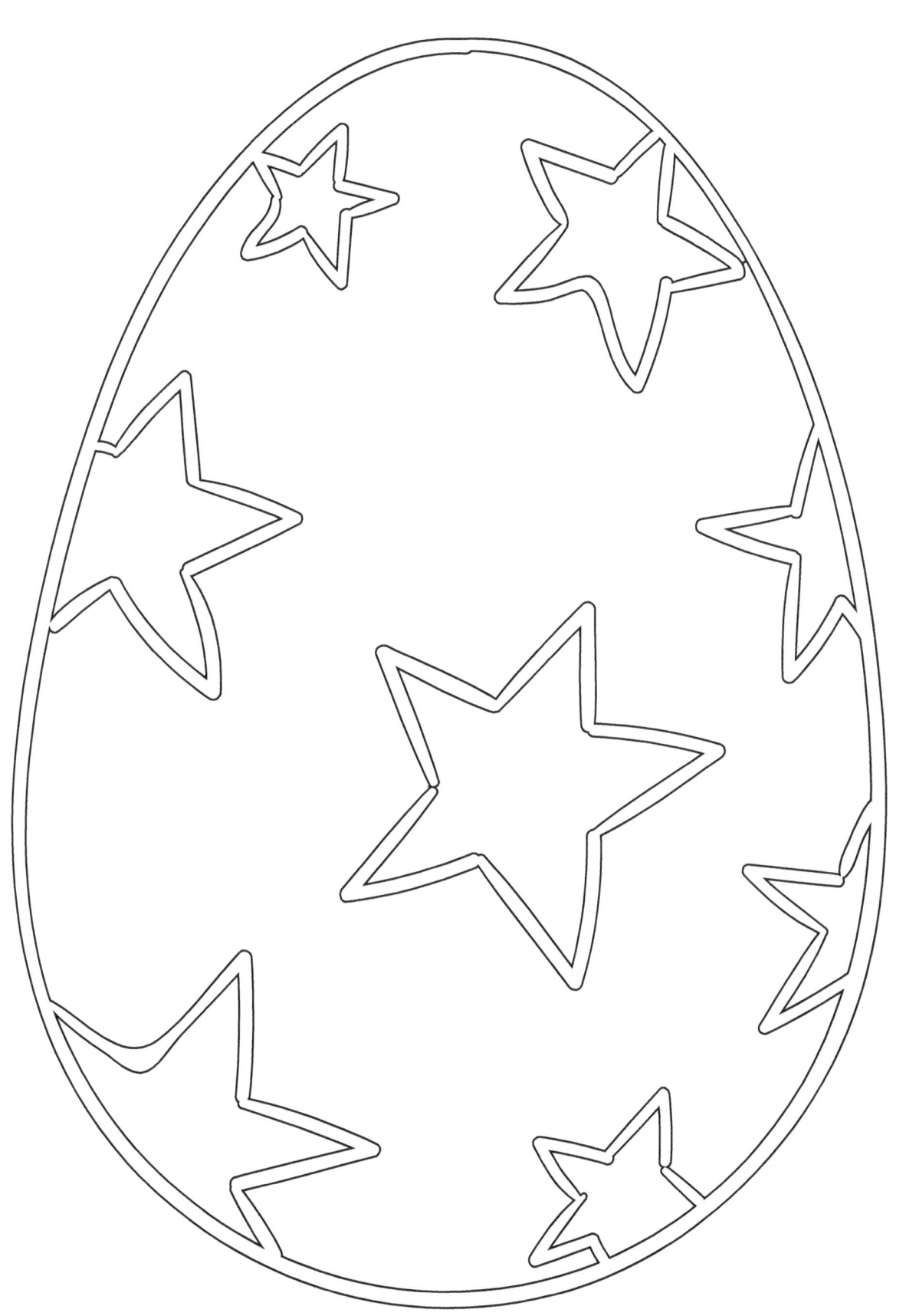

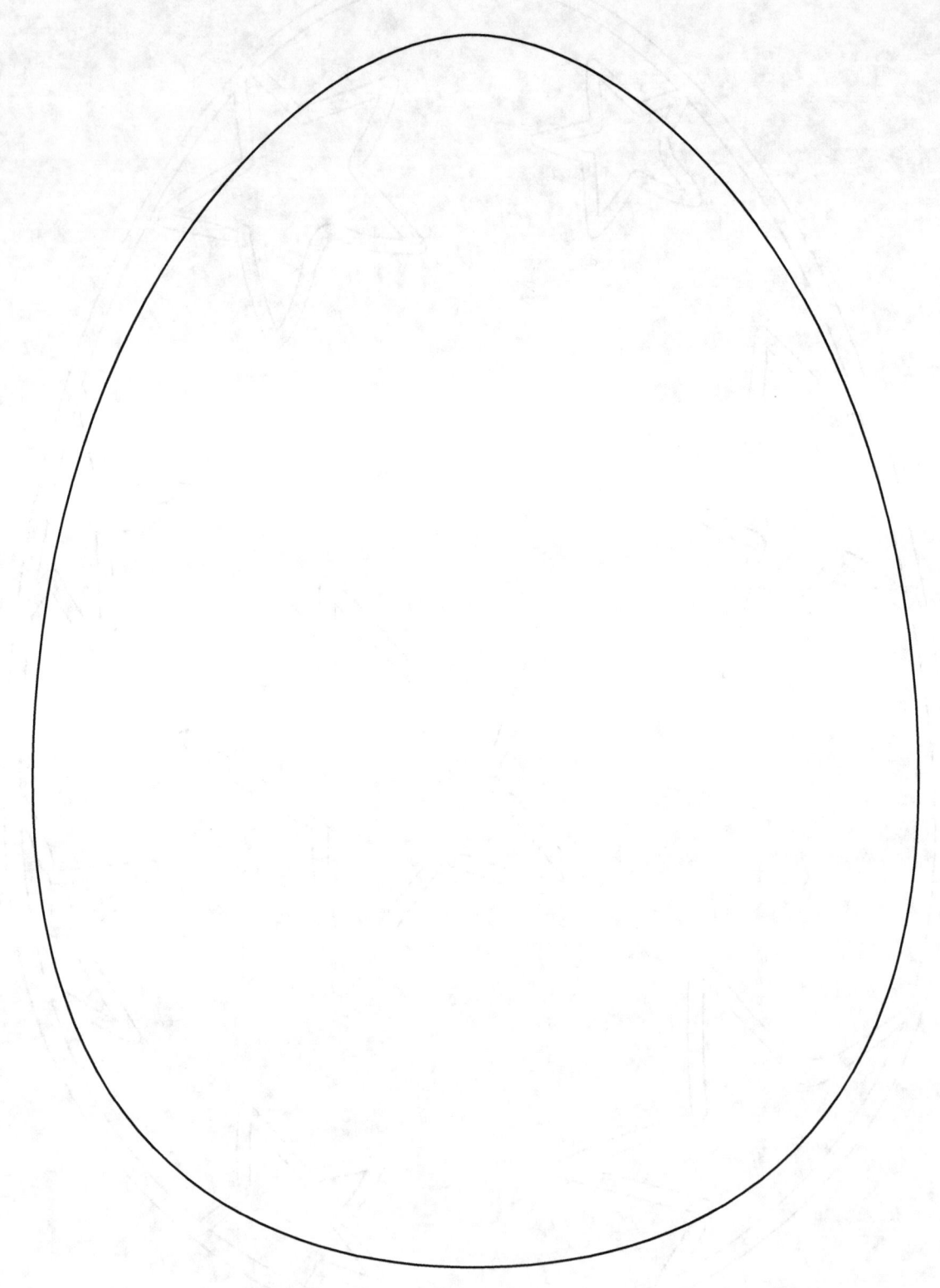

DRAW AND COLOR

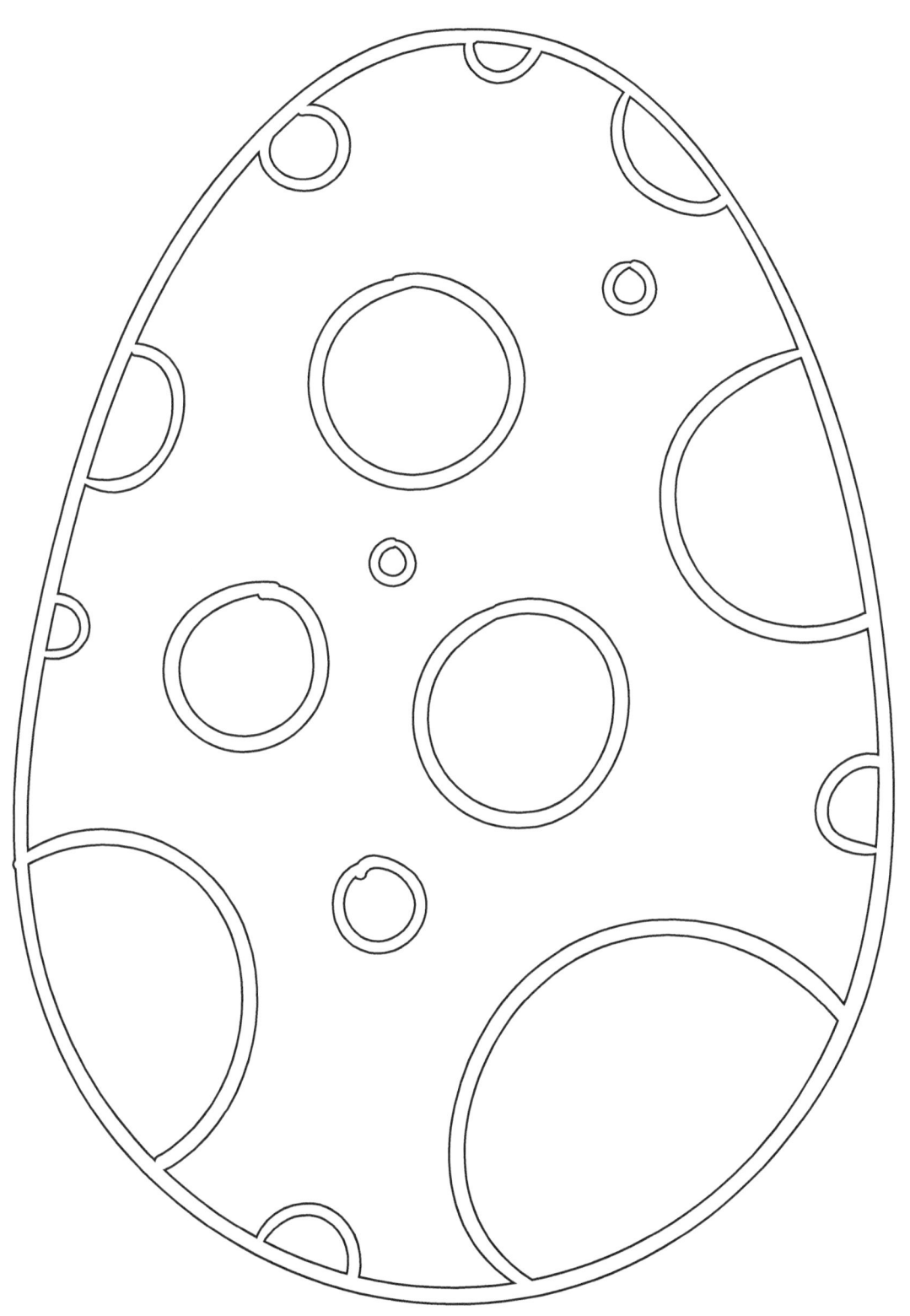

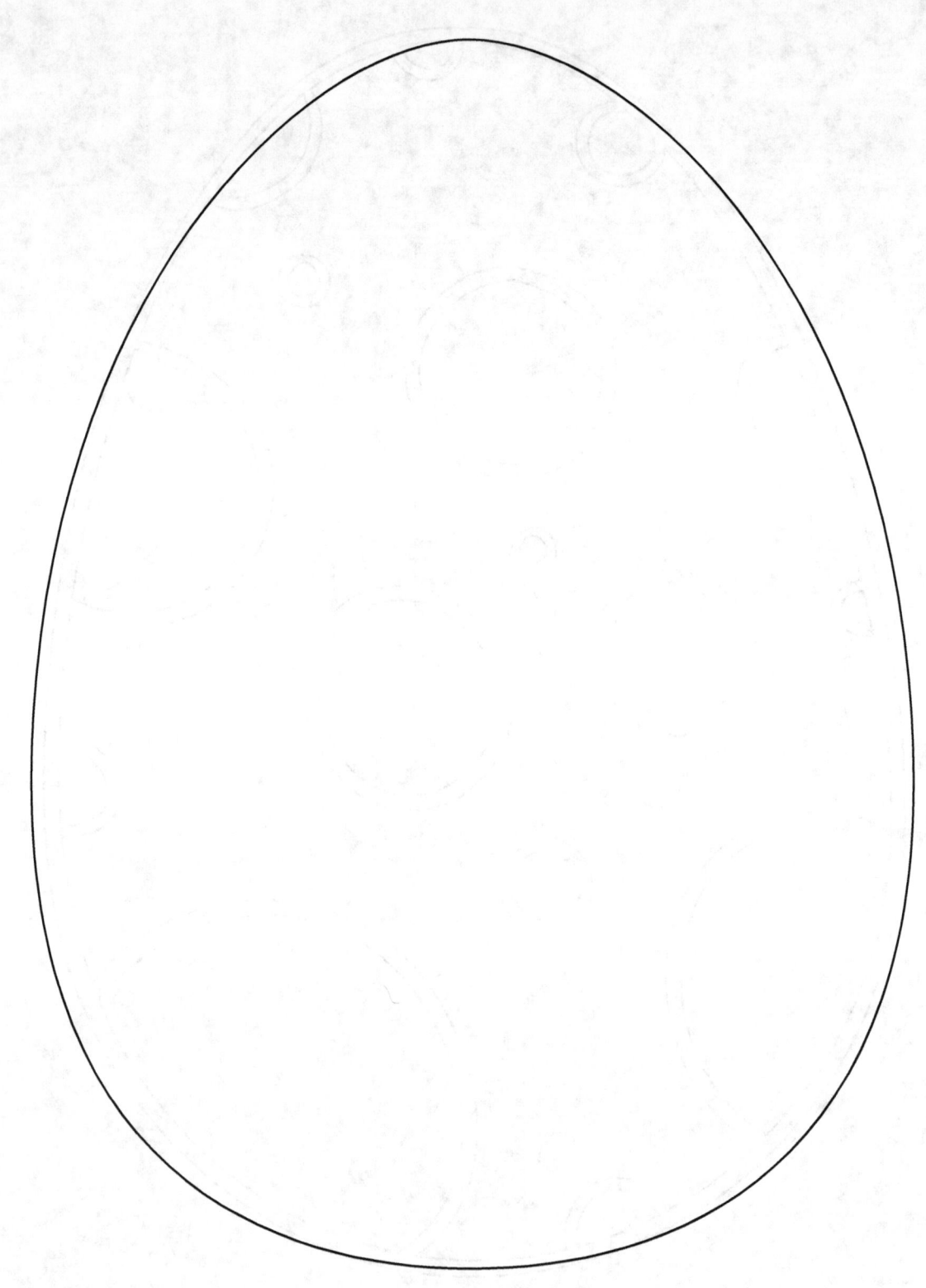

DRAW AND COLOR

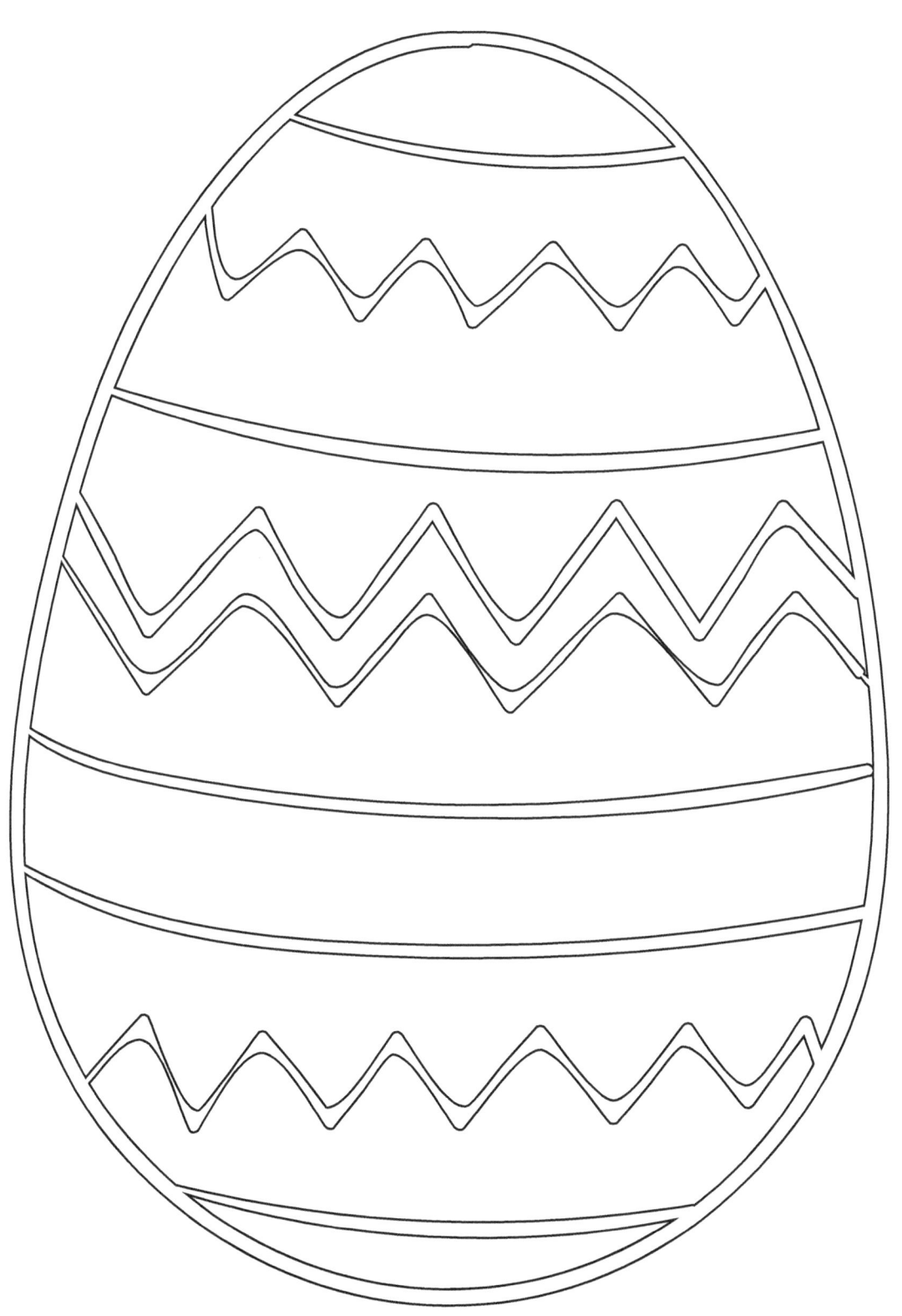

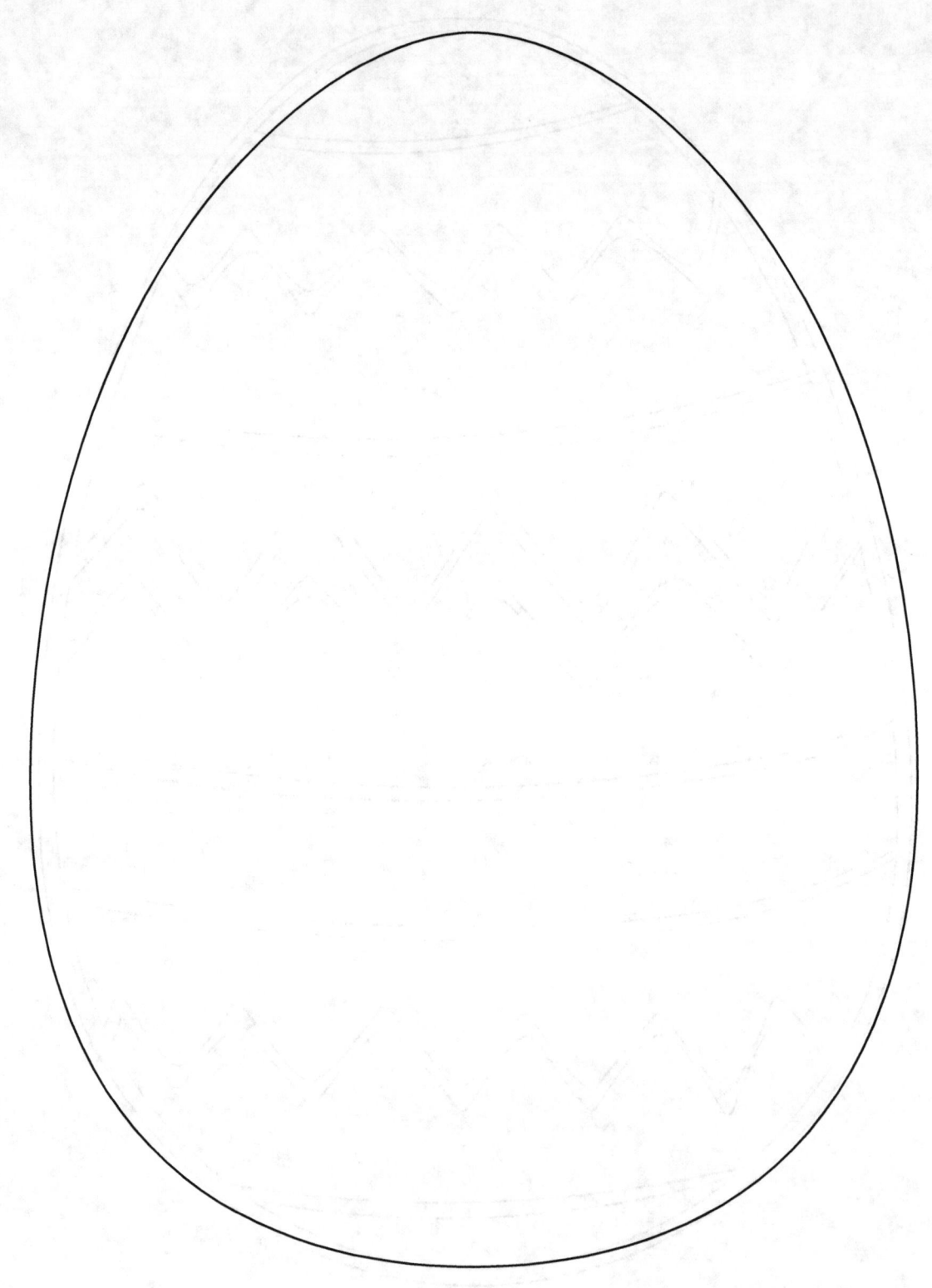

DRAW AND COLOR

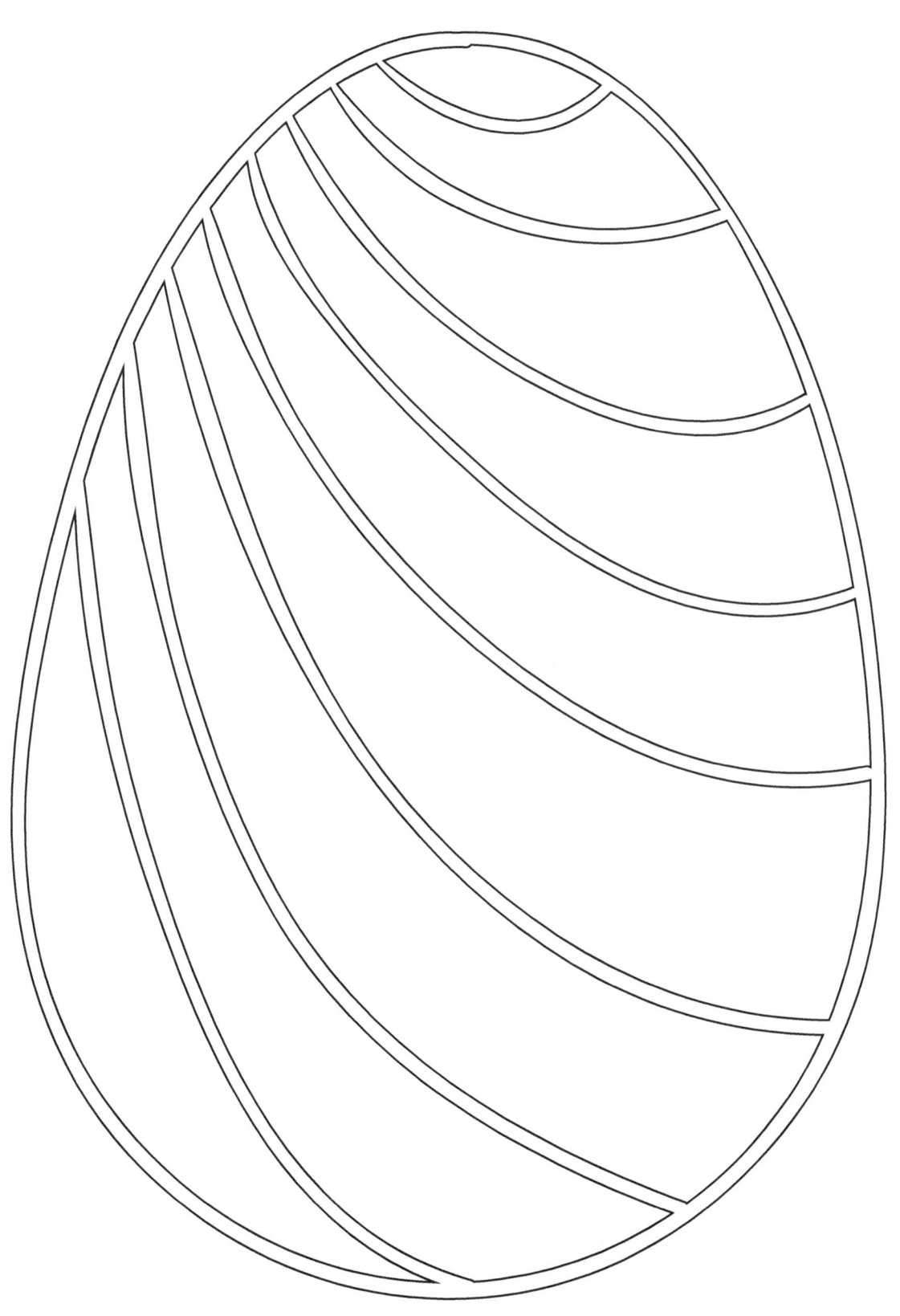

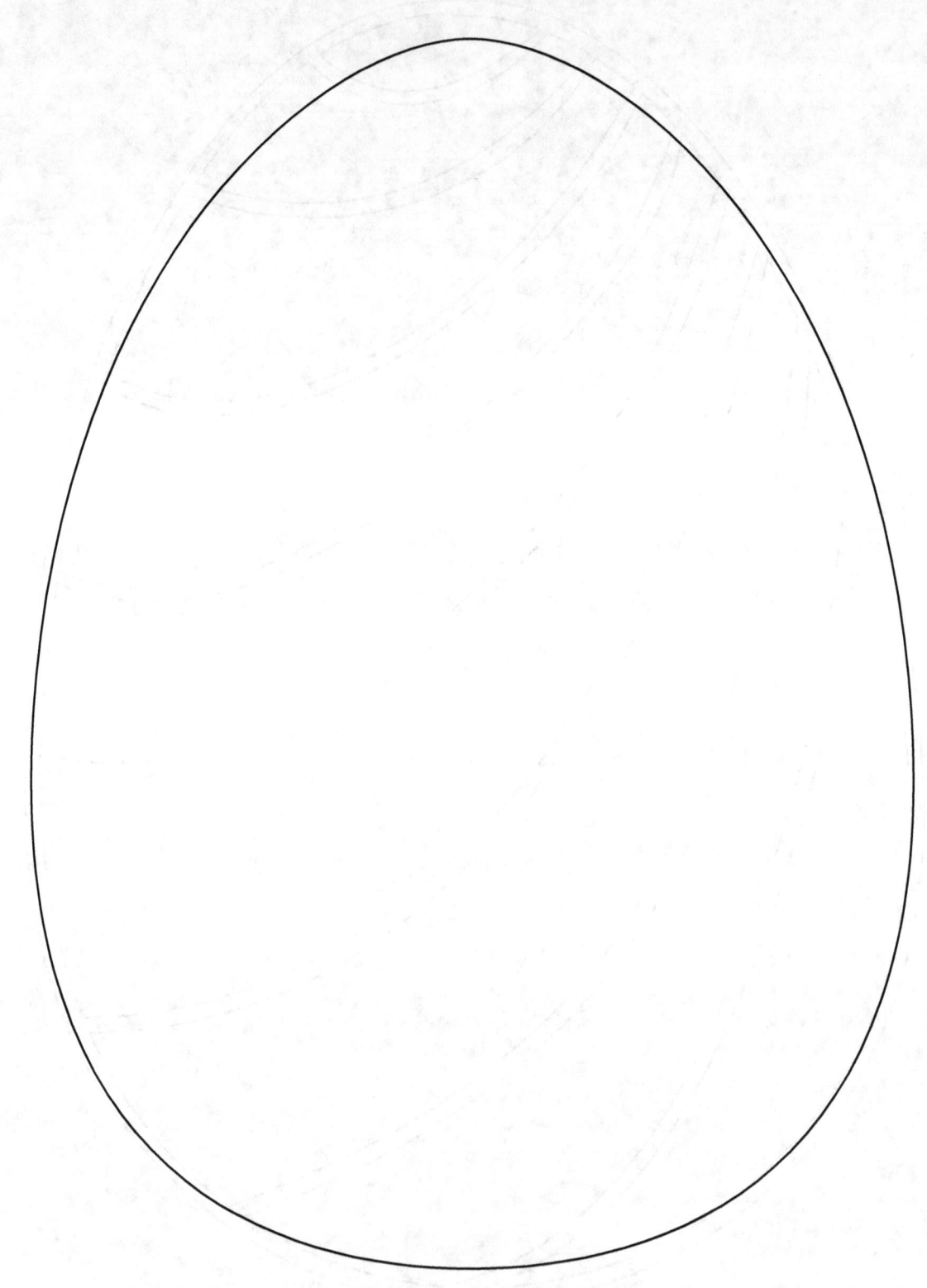

DRAW AND COLOR

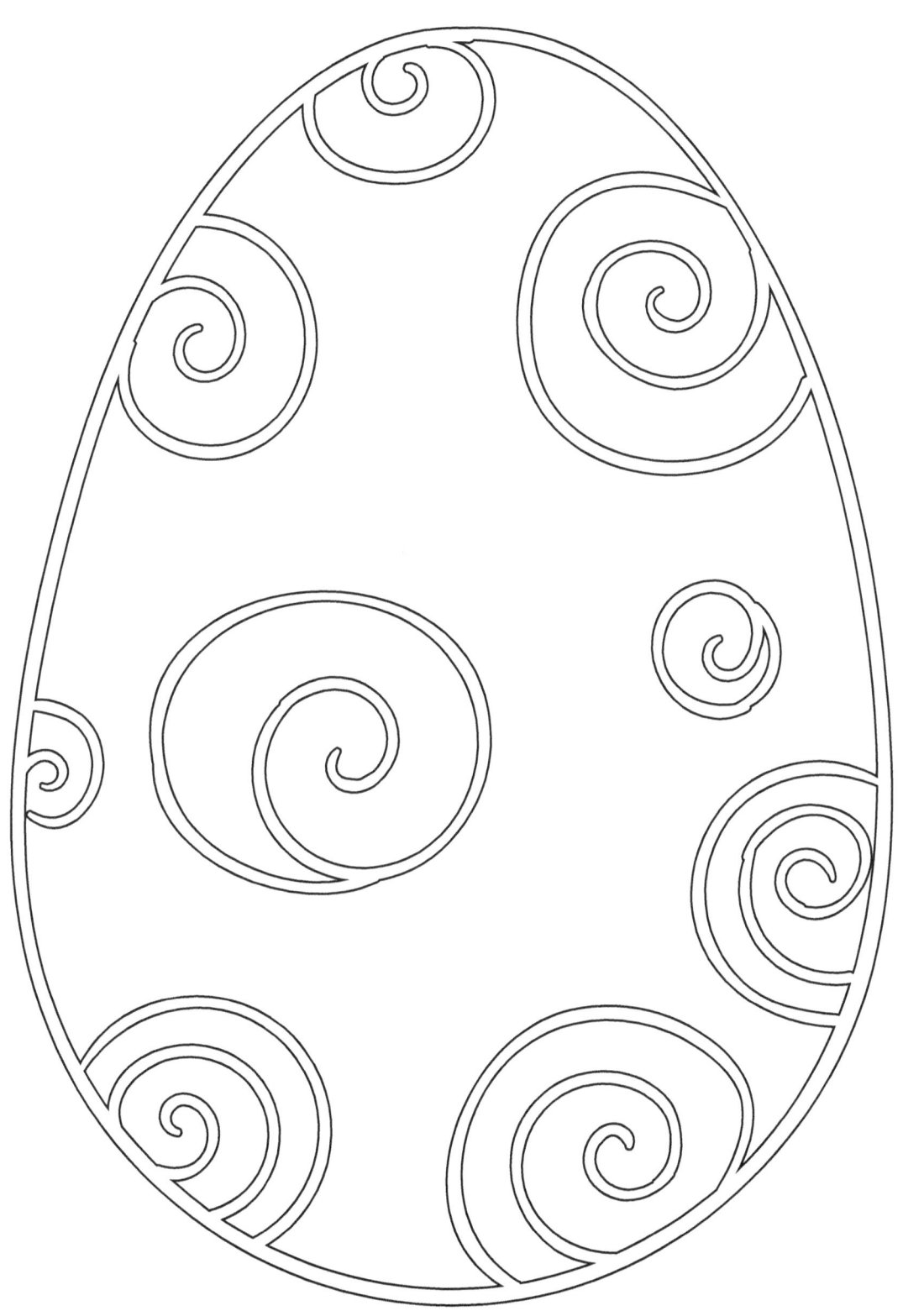

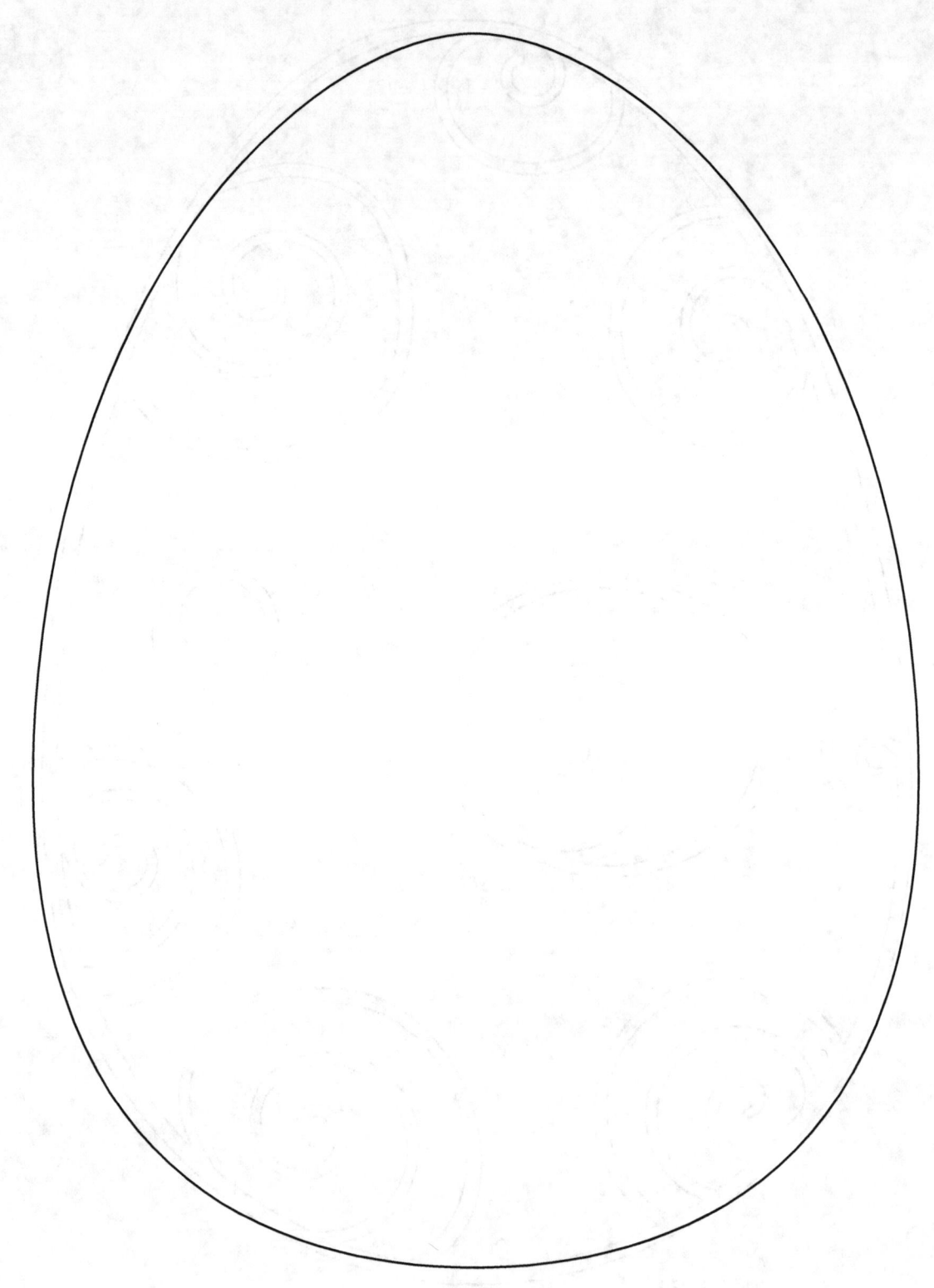

DRAW AND COLOR

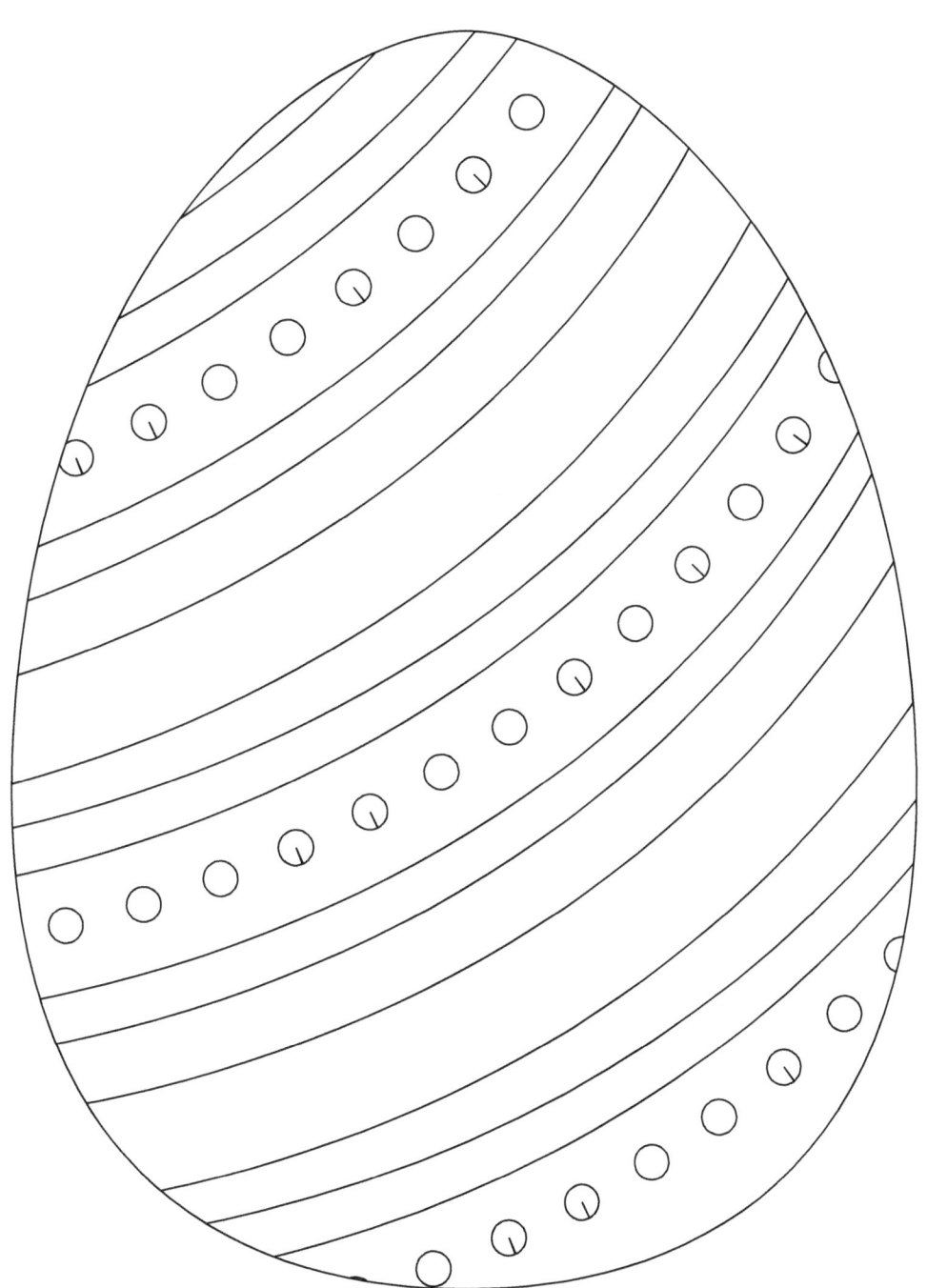

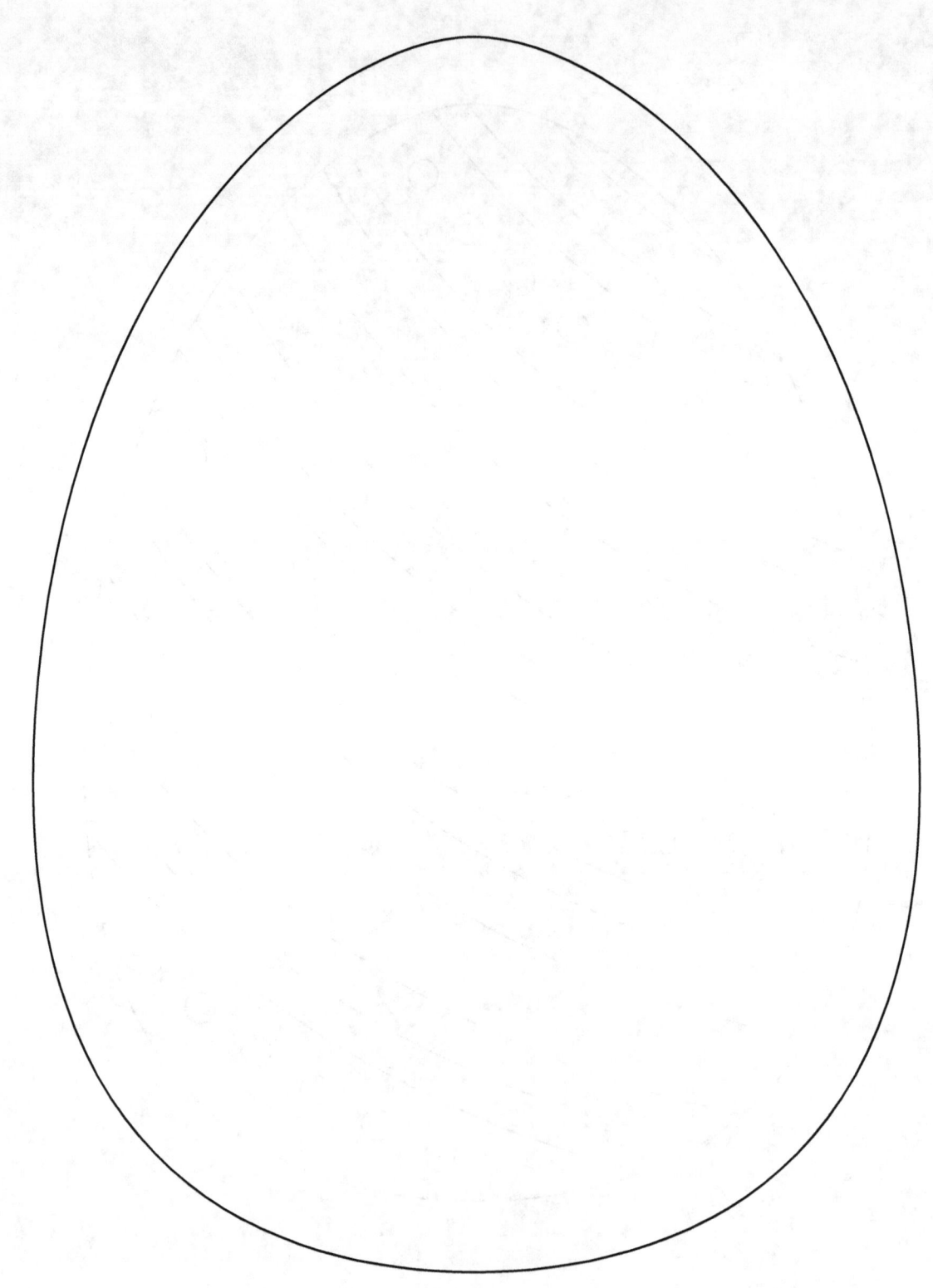

DRAW AND COLOR

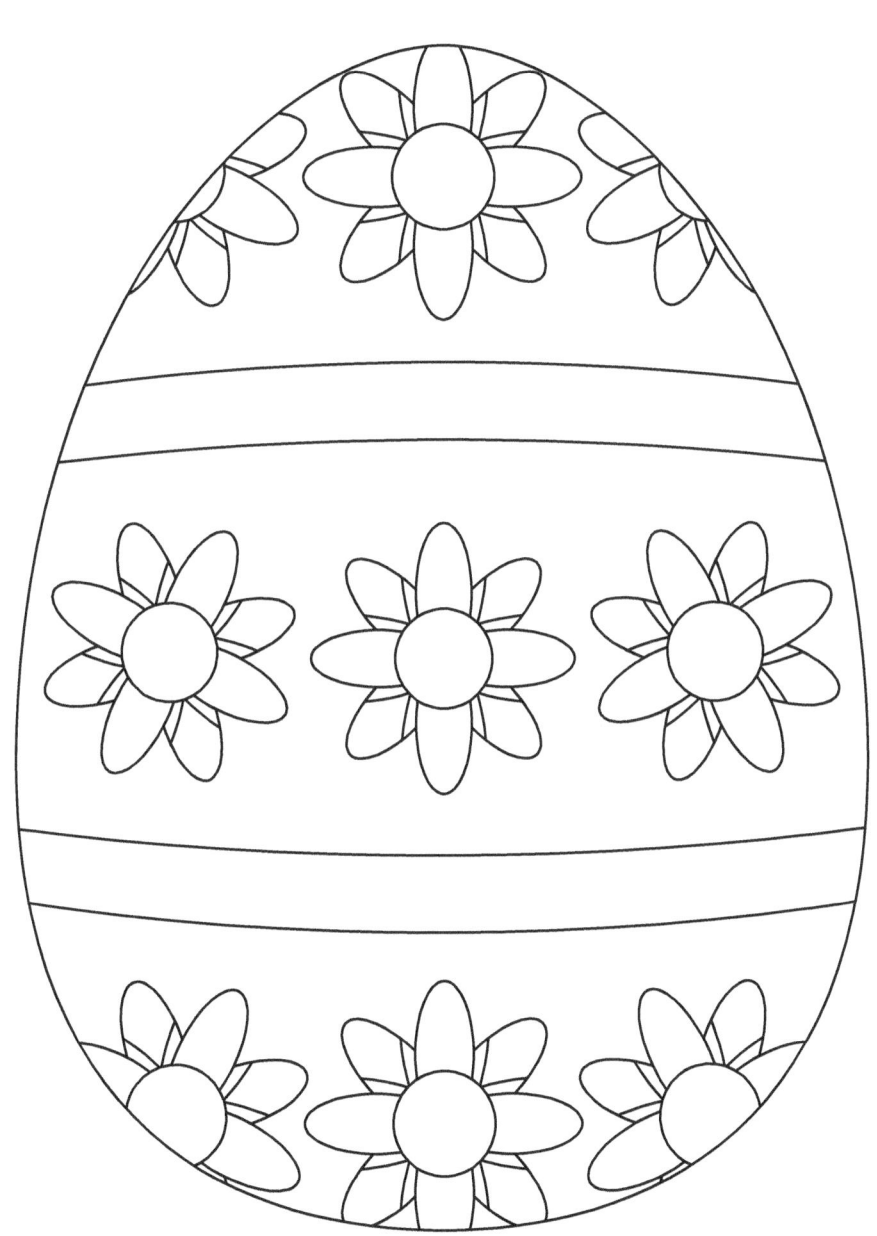

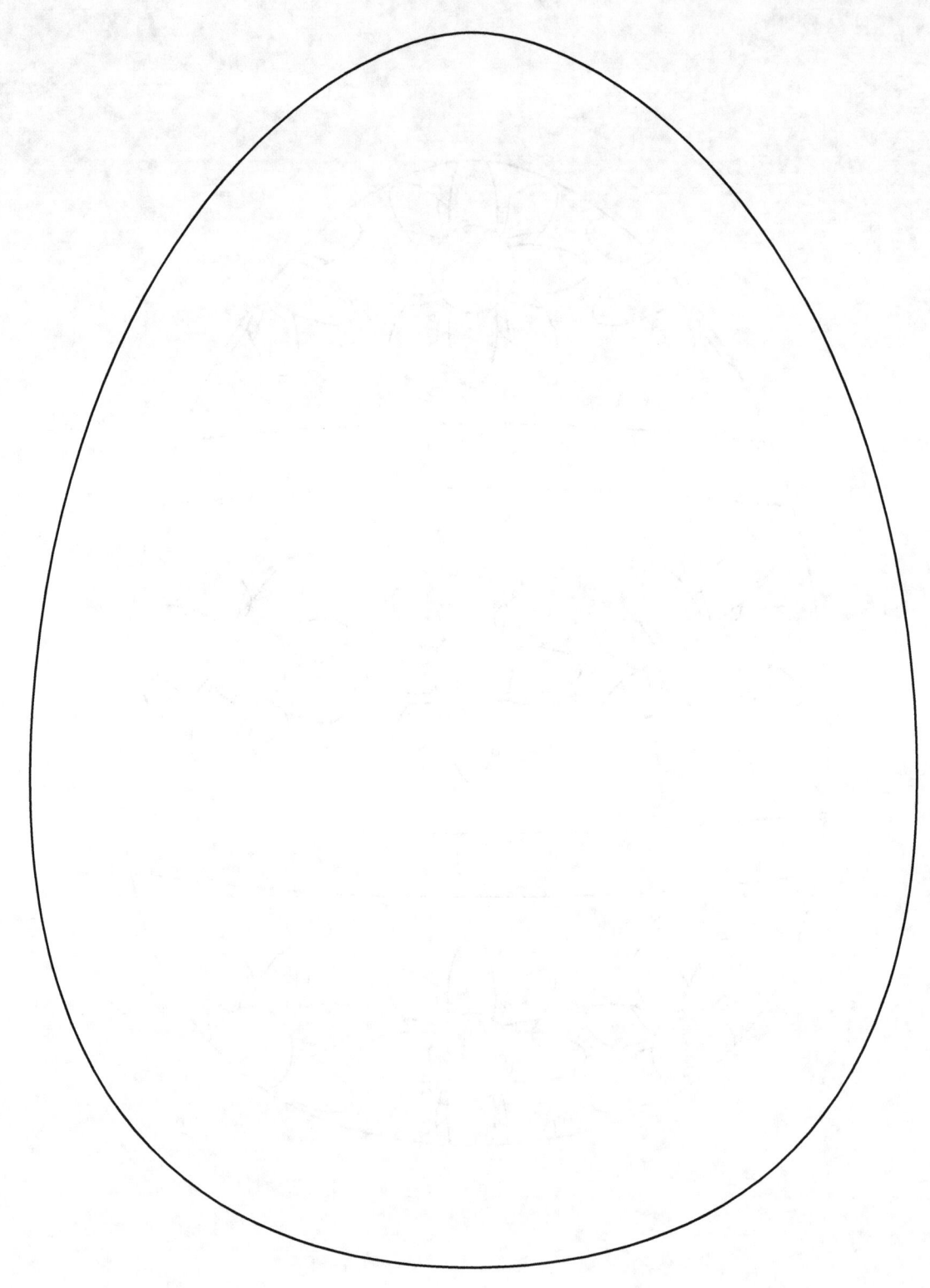

DRAW AND COLOR

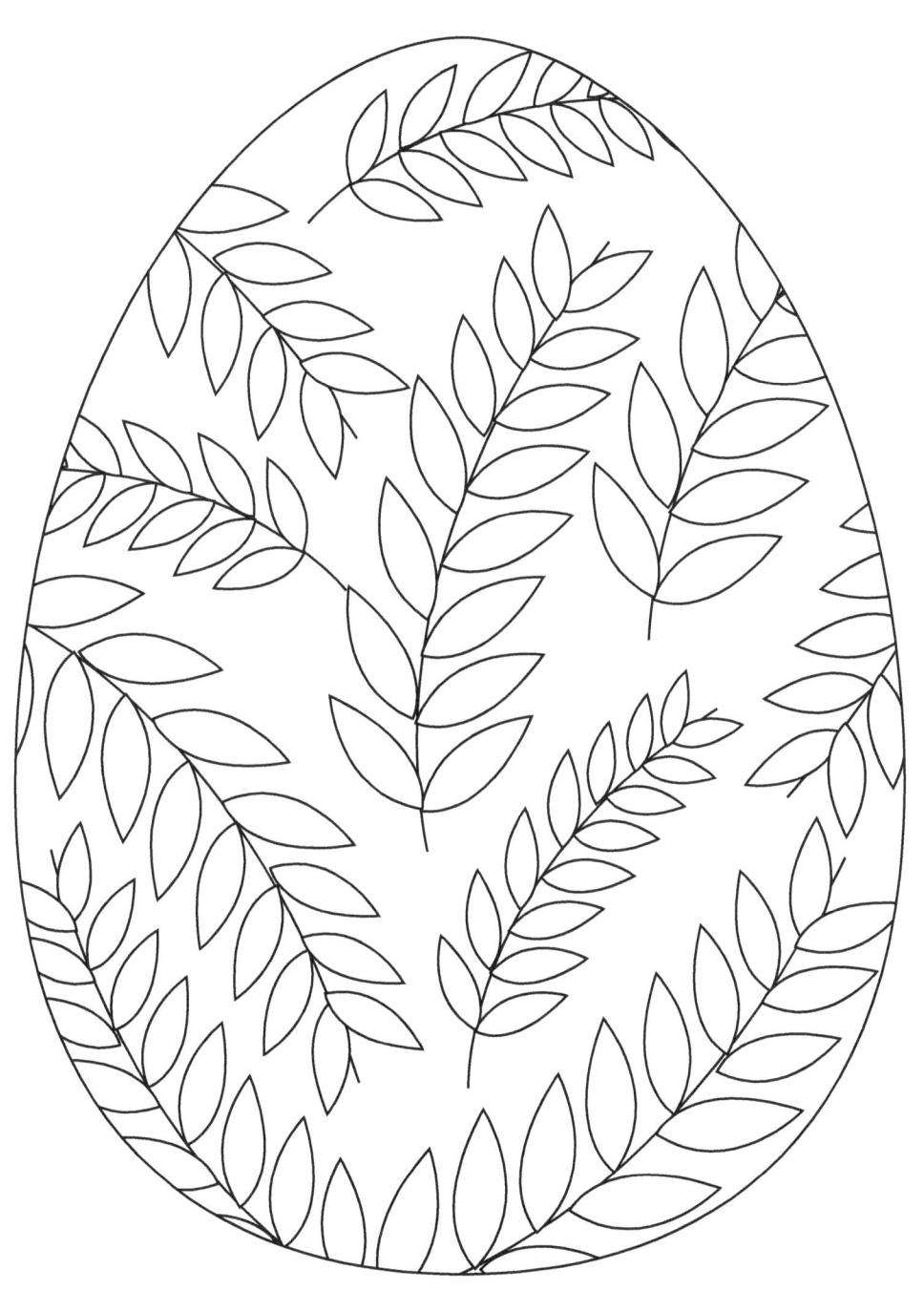

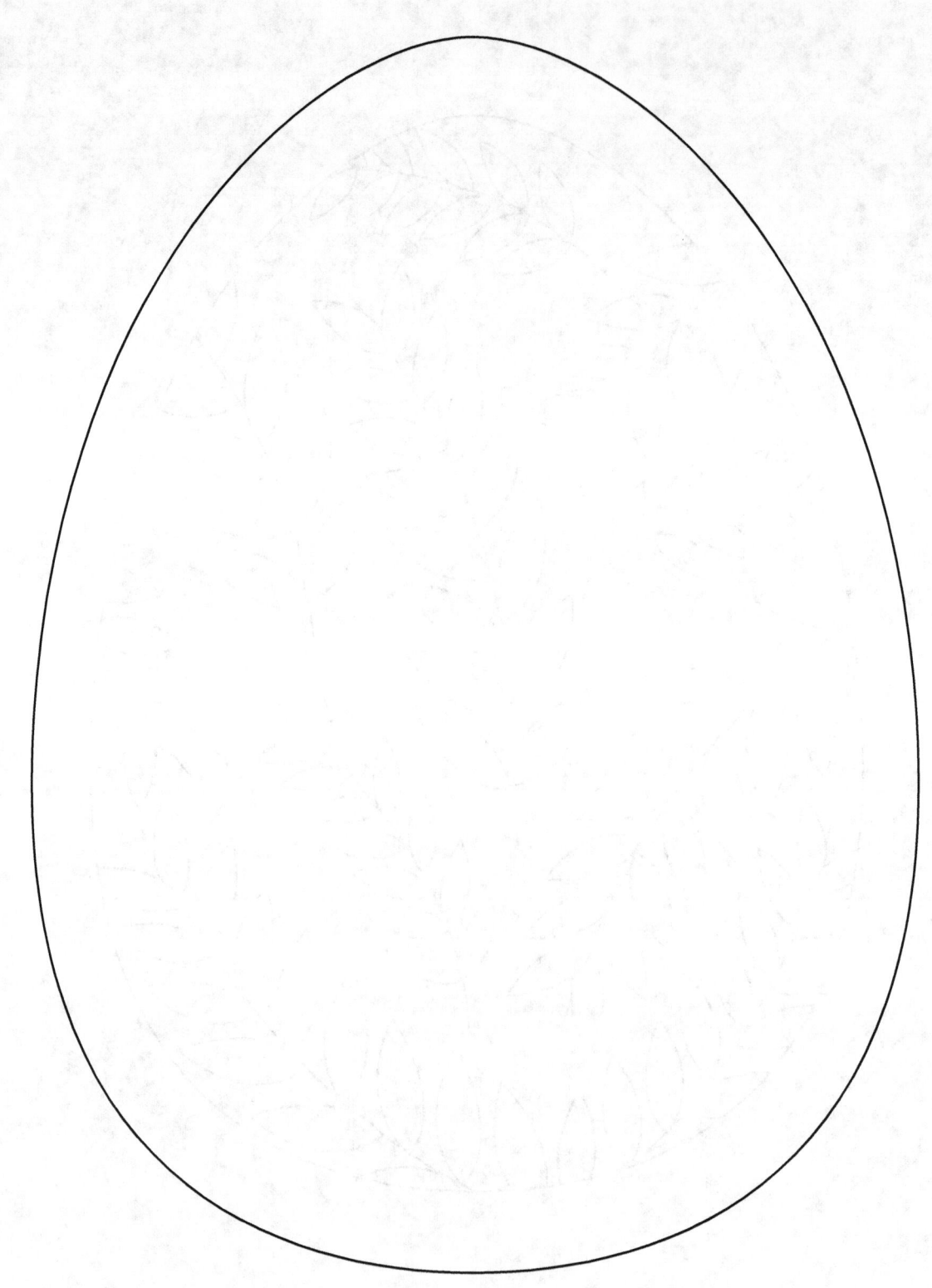

DRAW AND COLOR

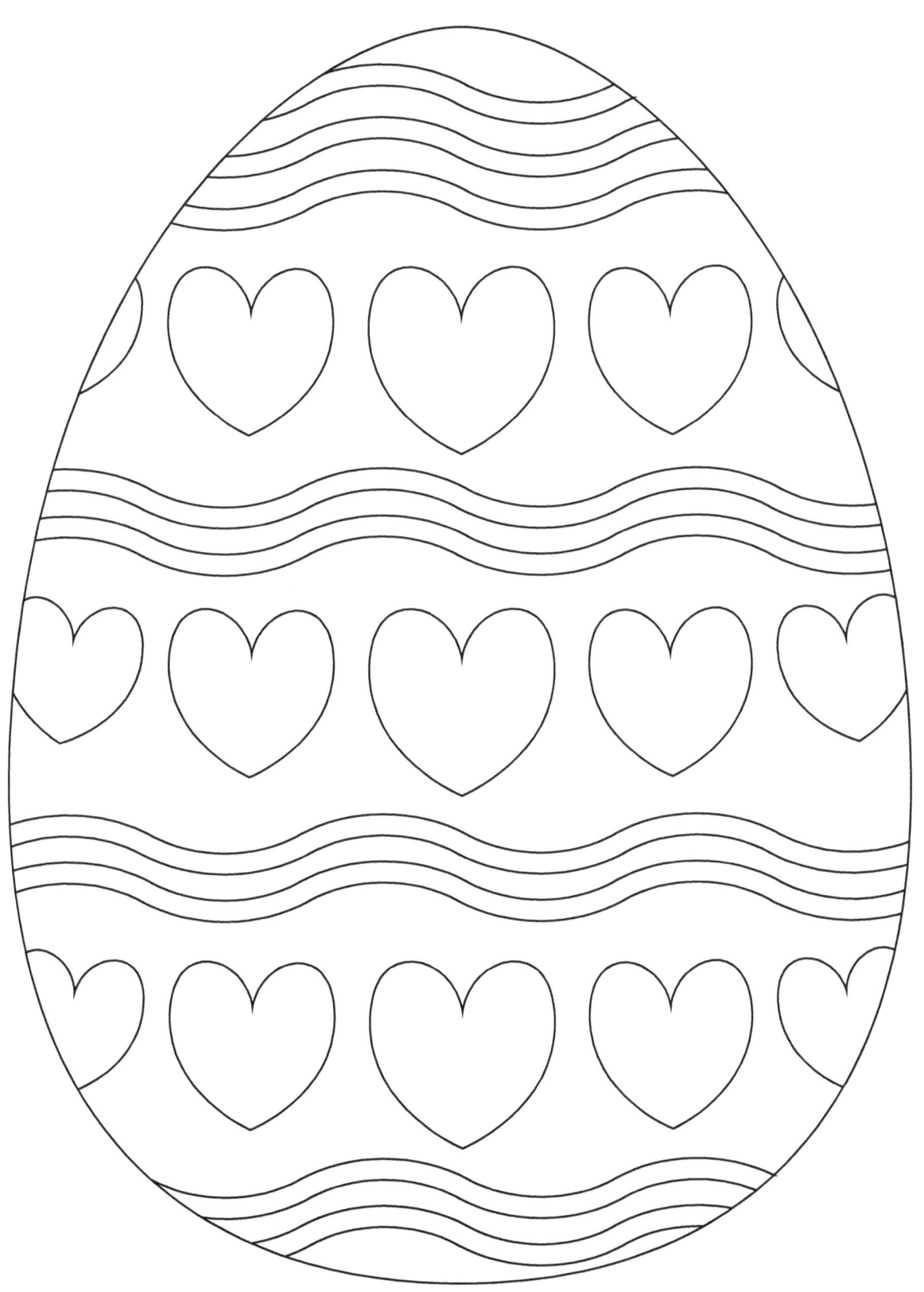

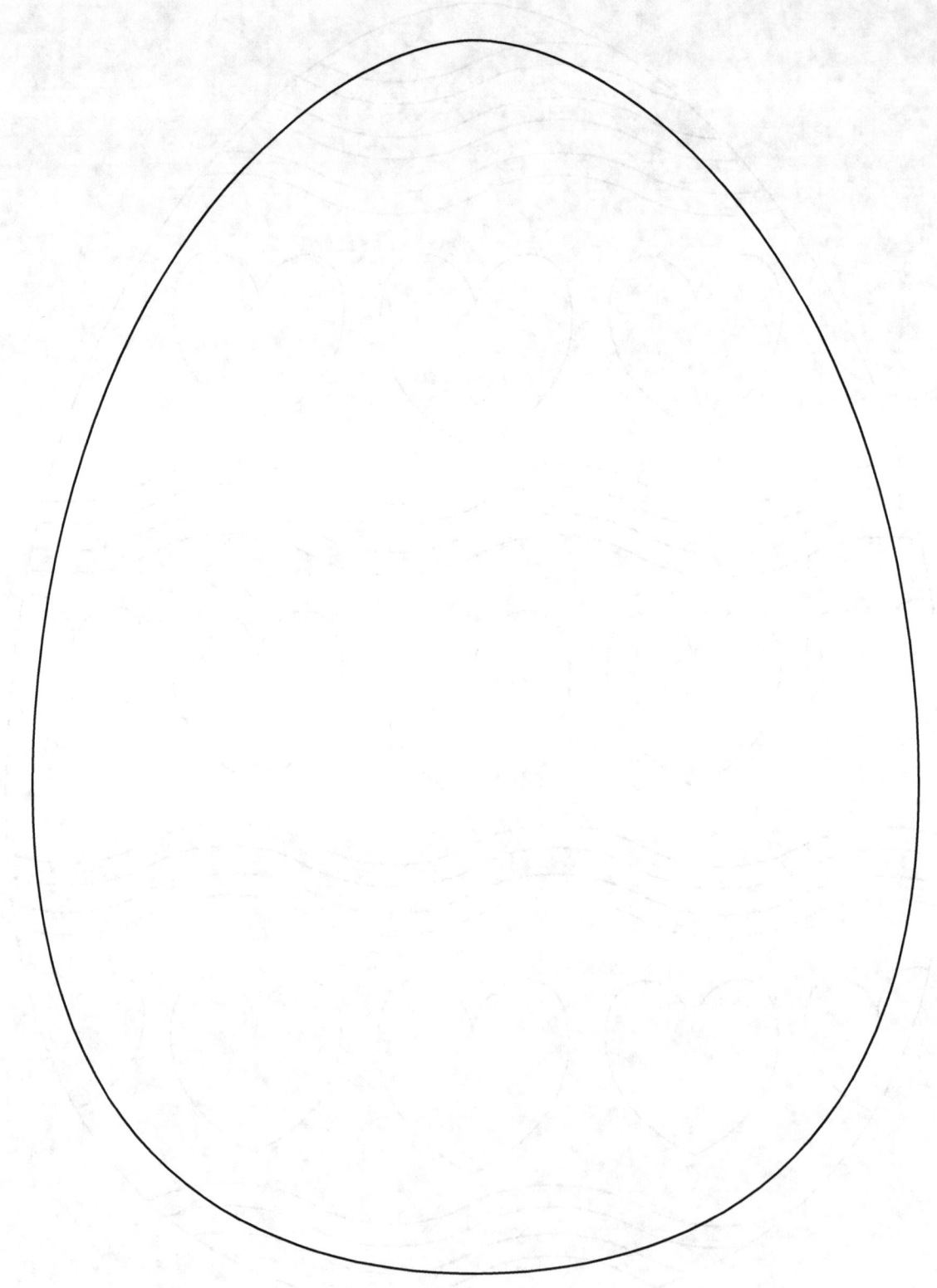

DRAW AND COLOR

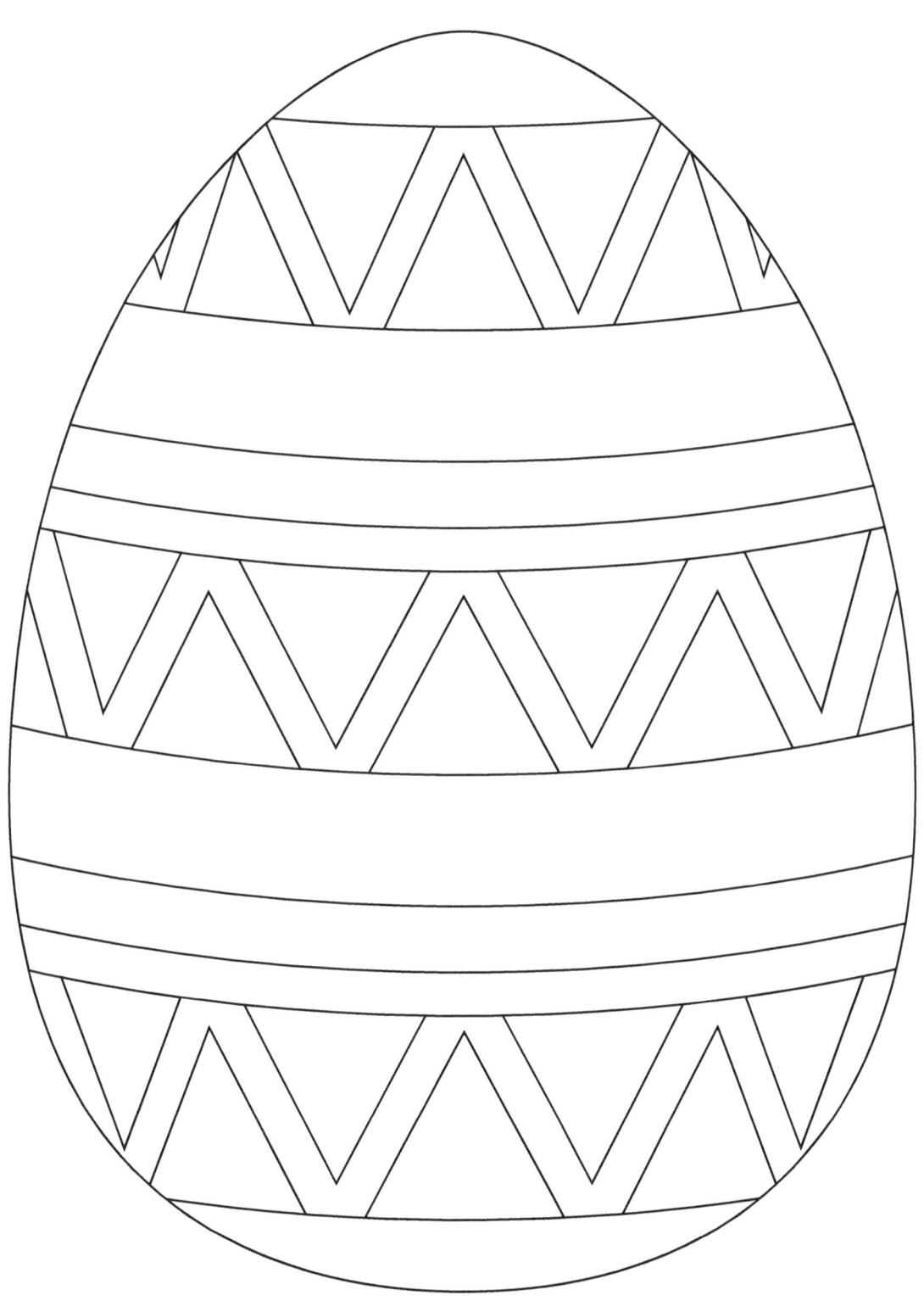

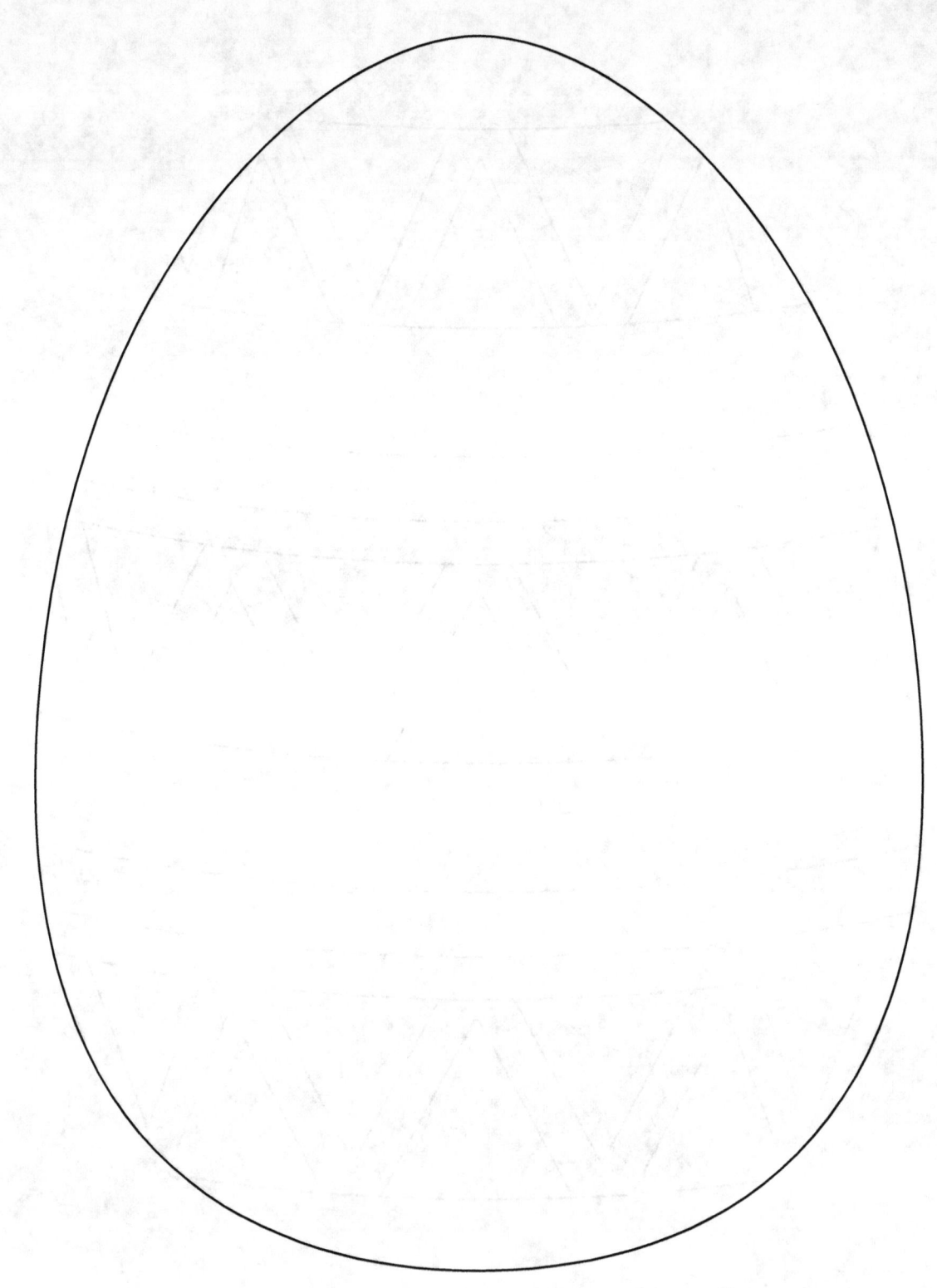

DRAW AND COLOR

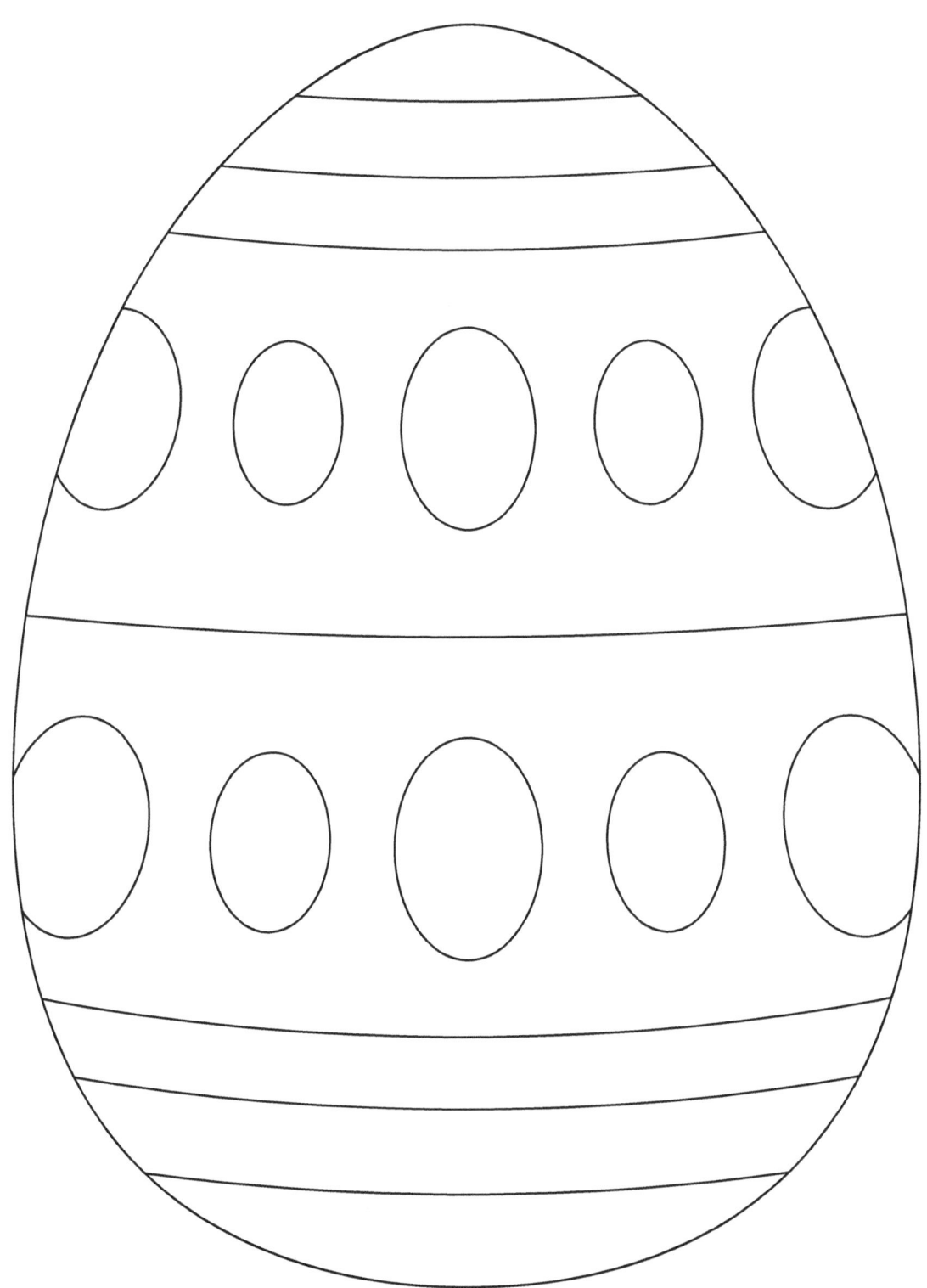

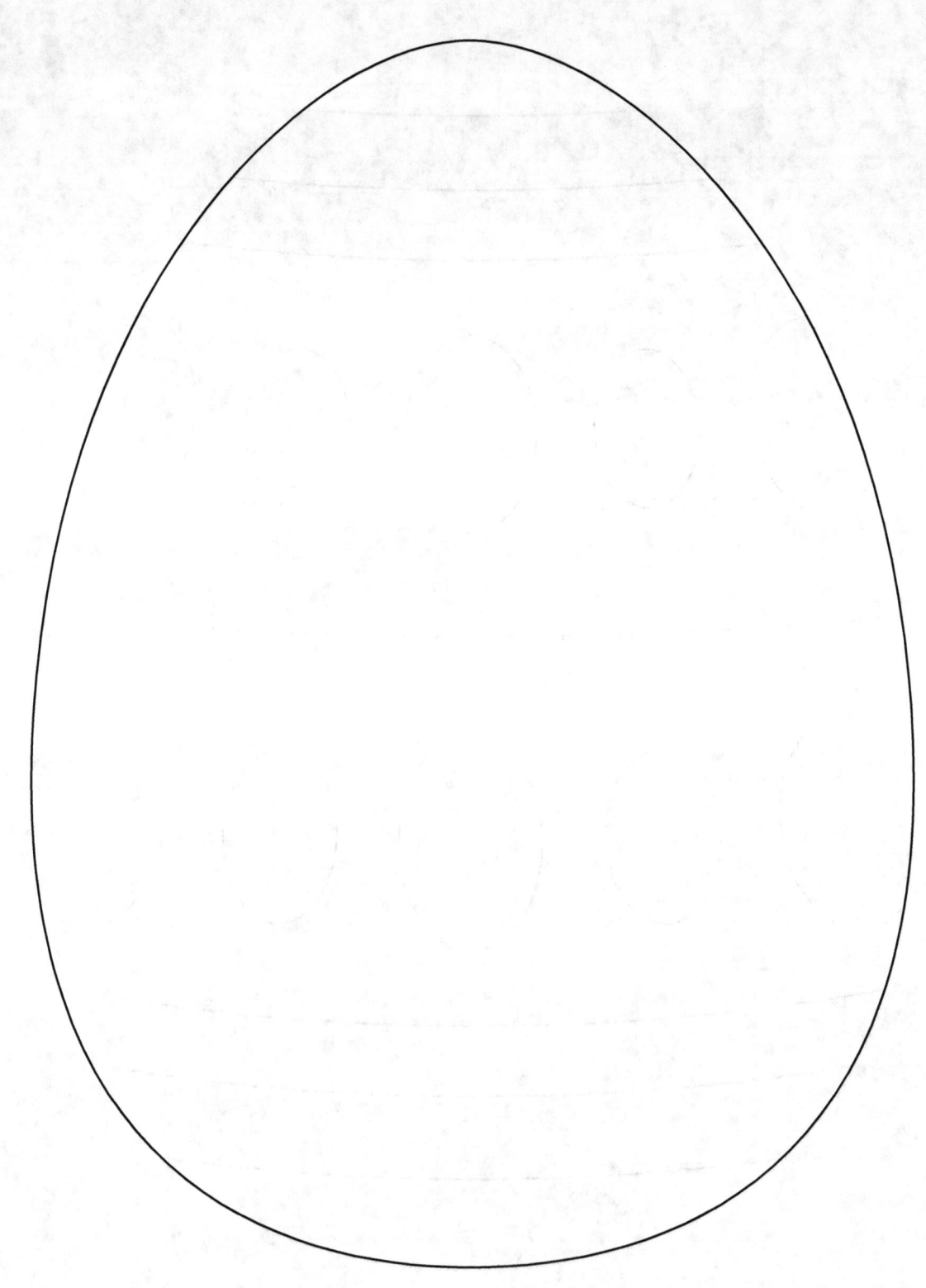

DRAW AND COLOR

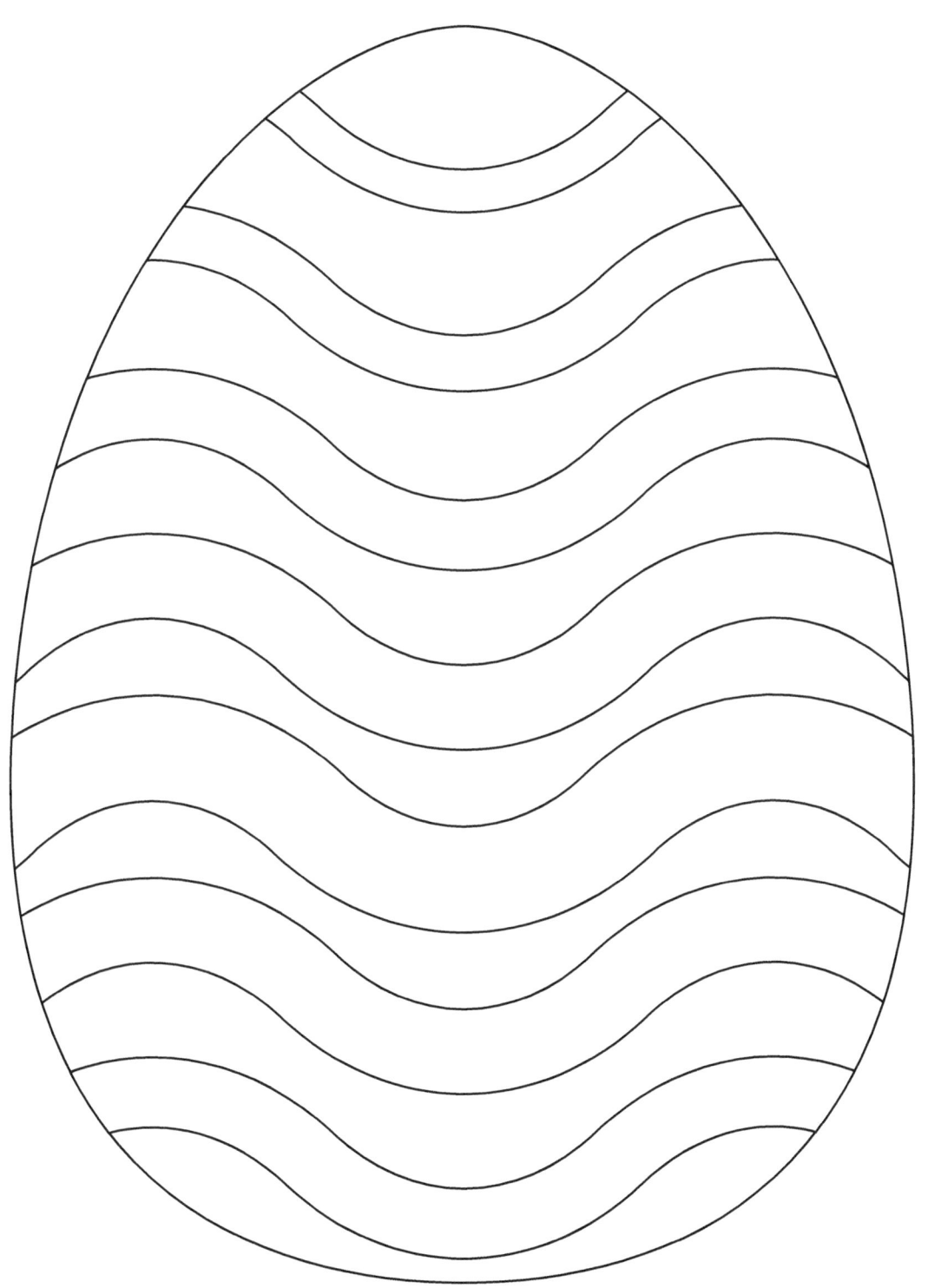

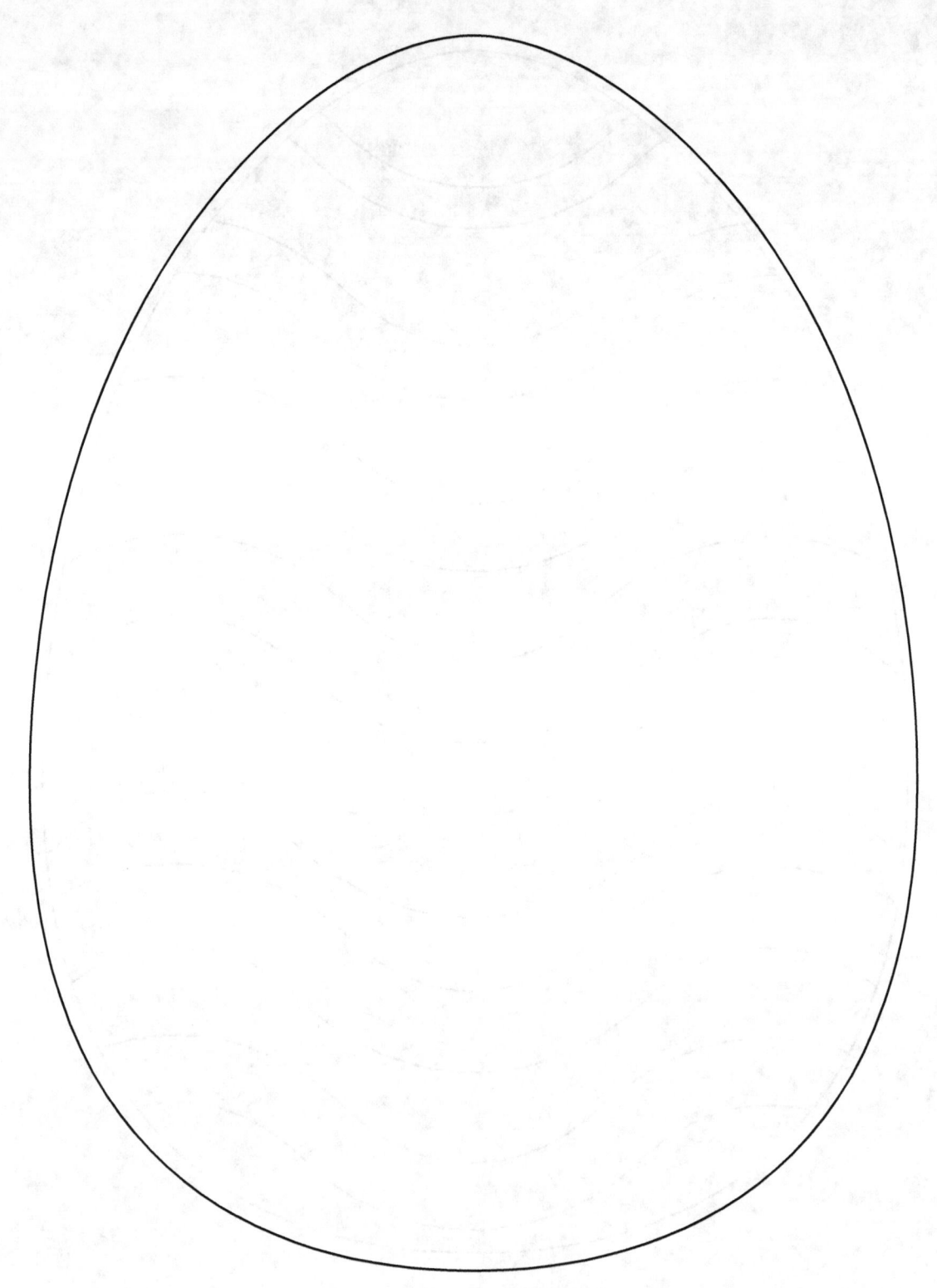

DRAW AND COLOR

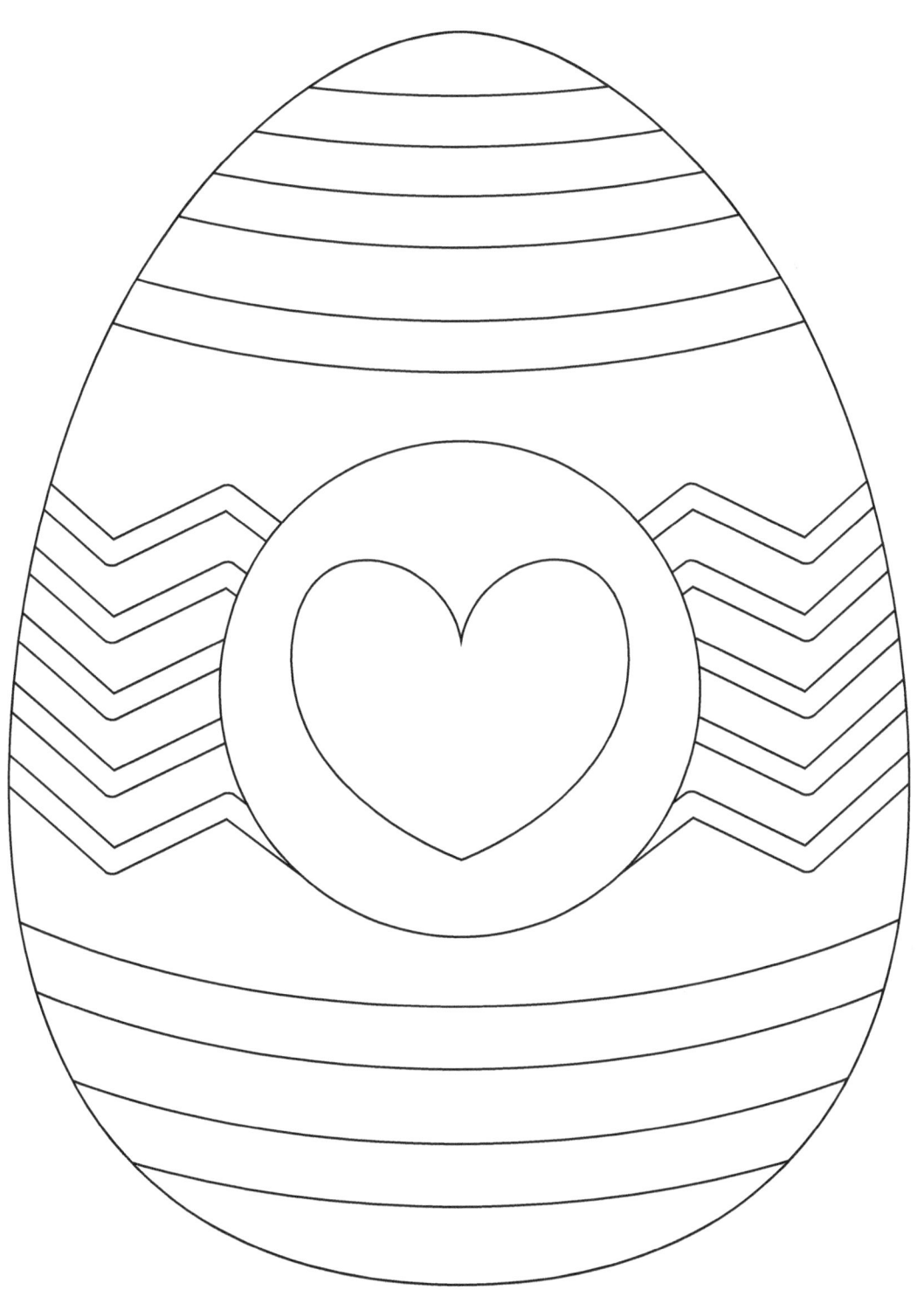

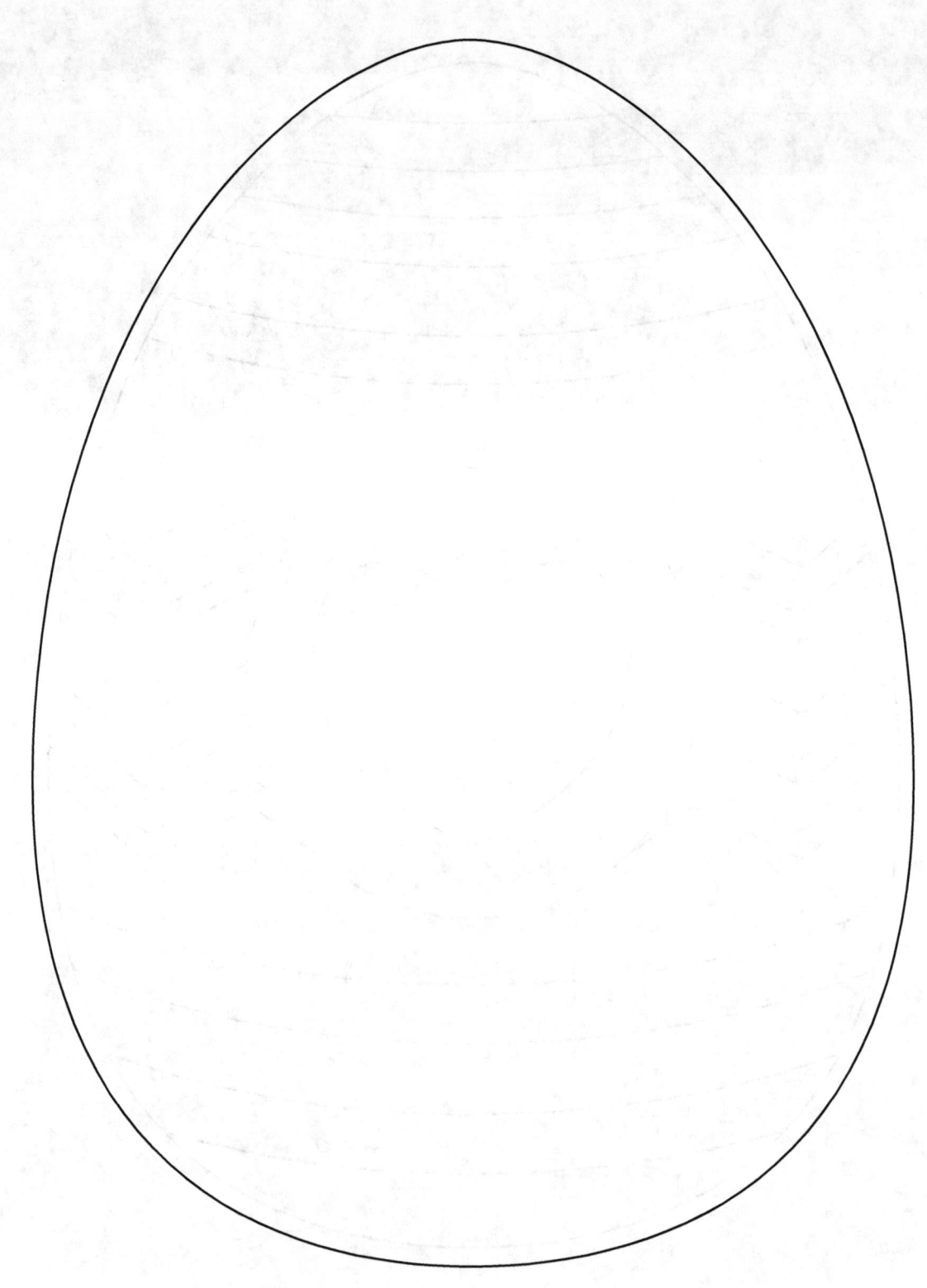

DRAW AND COLOR

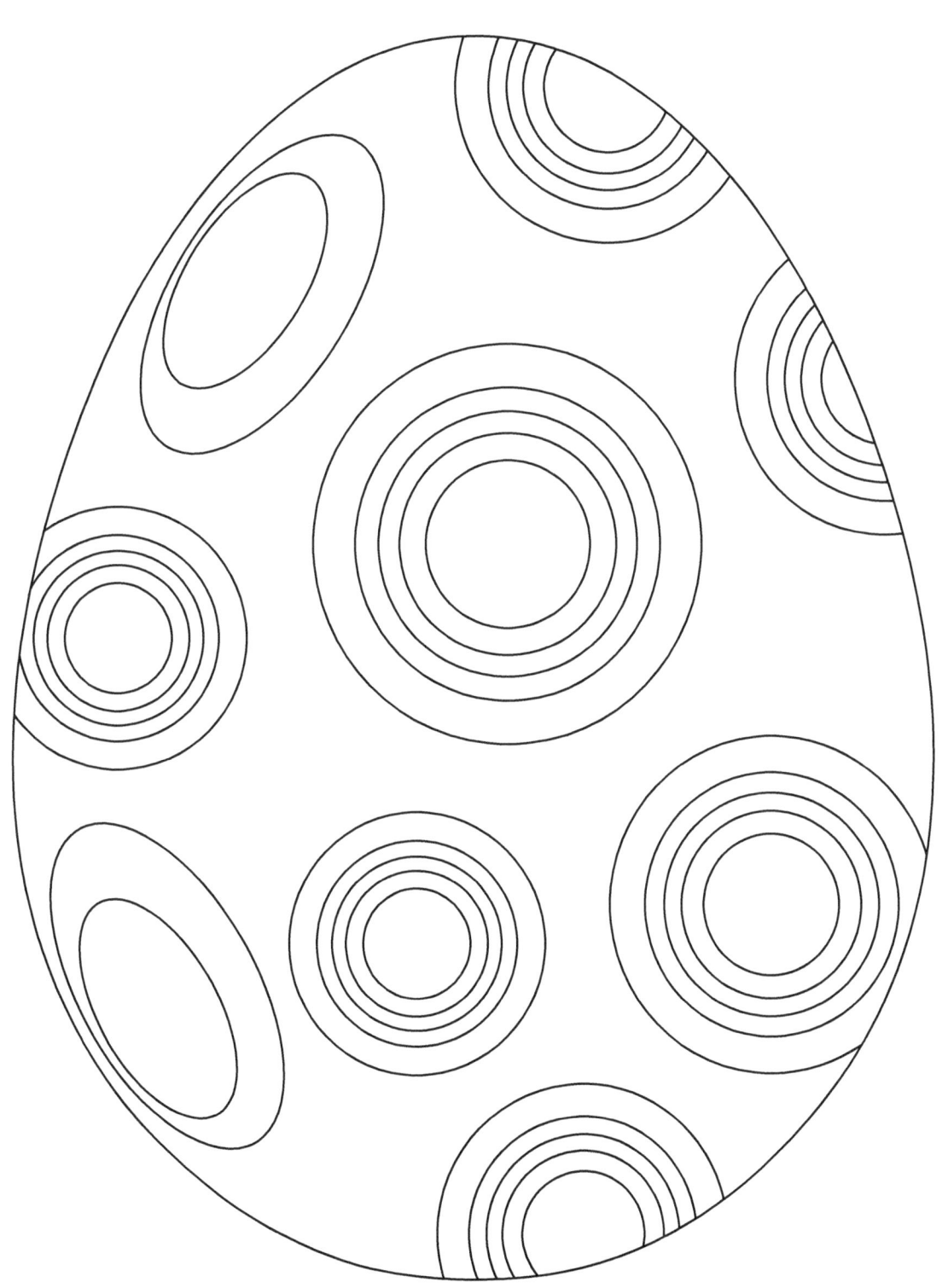

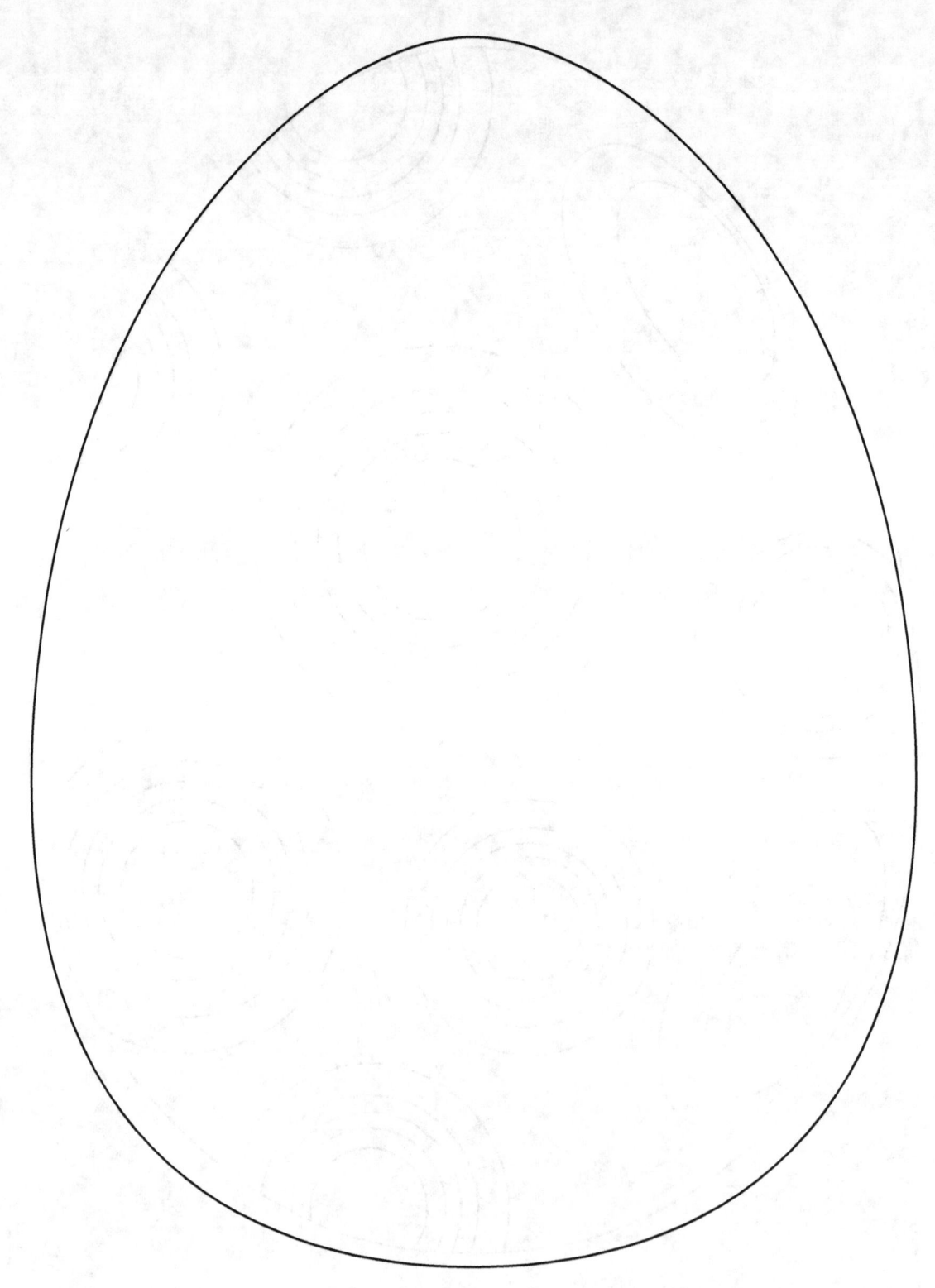

DRAW AND COLOR

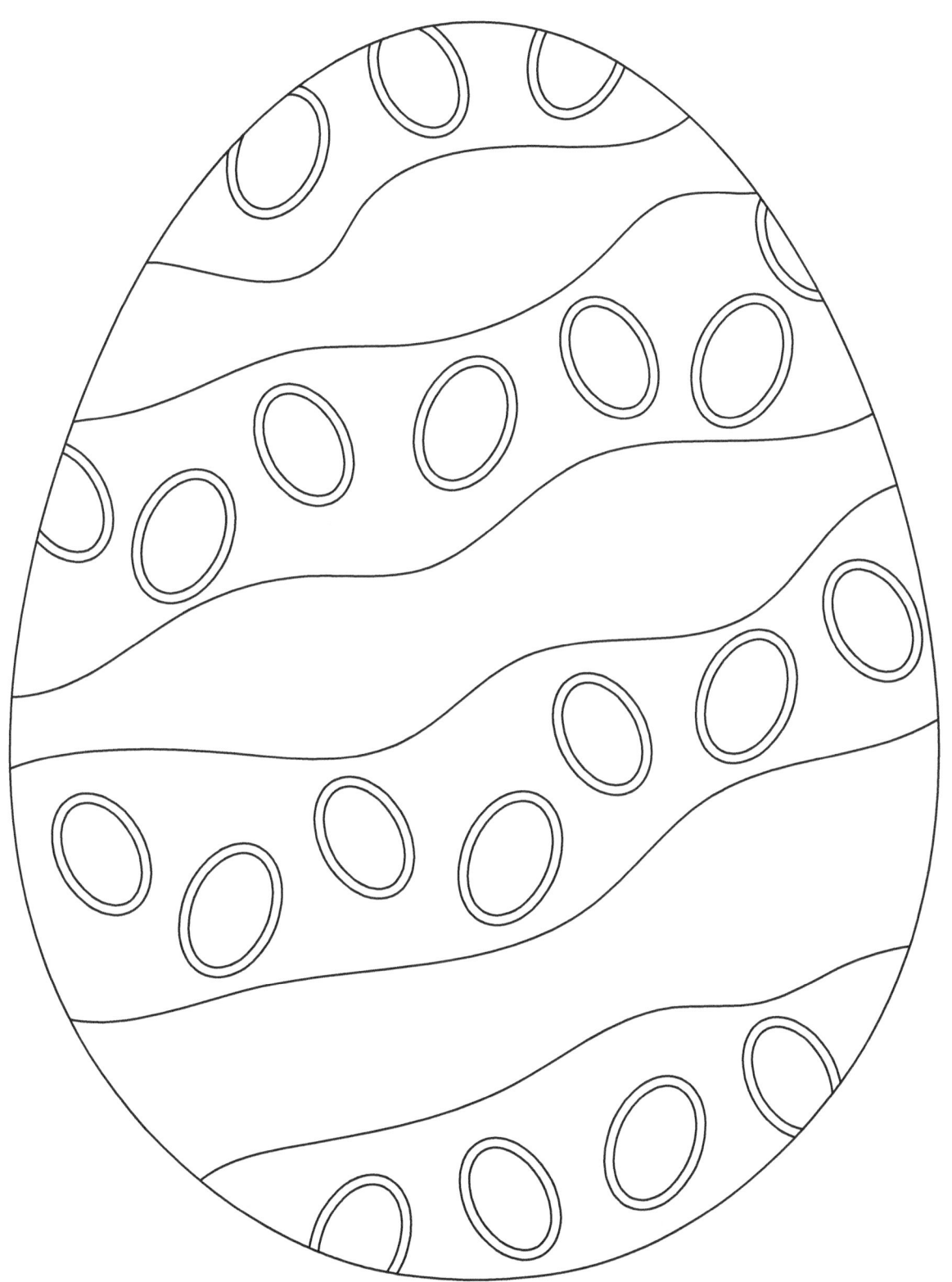

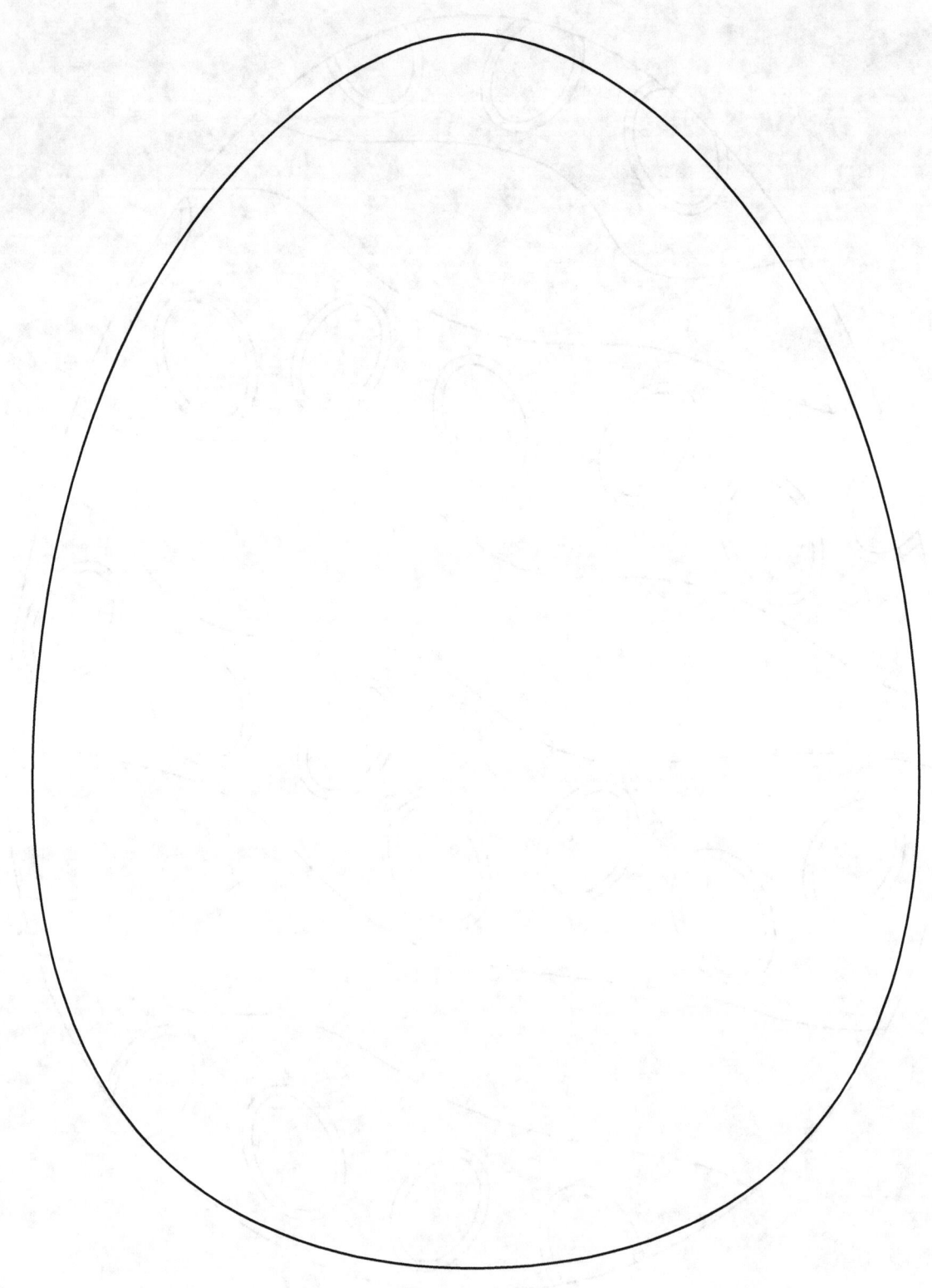

DRAW AND COLOR

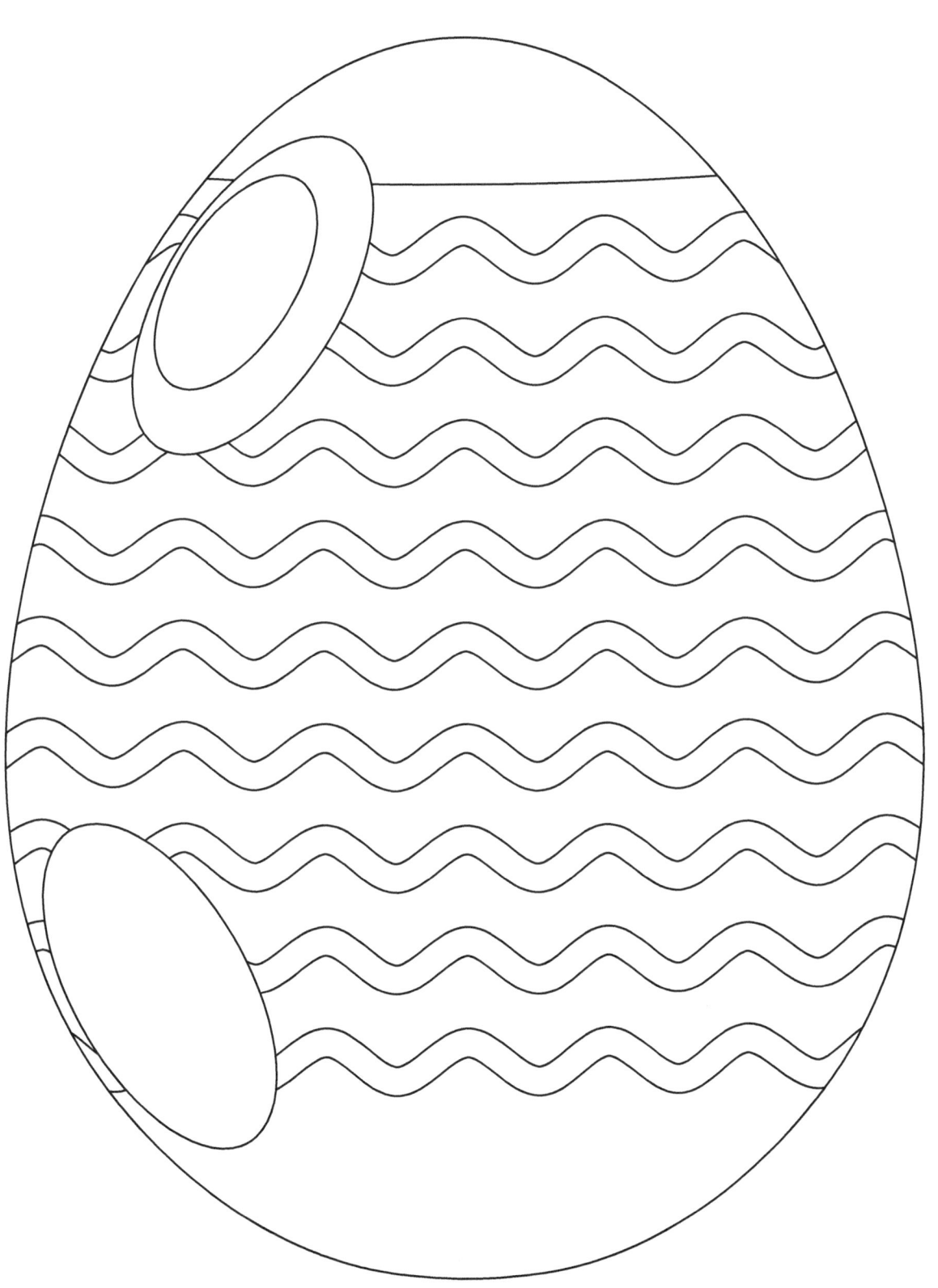

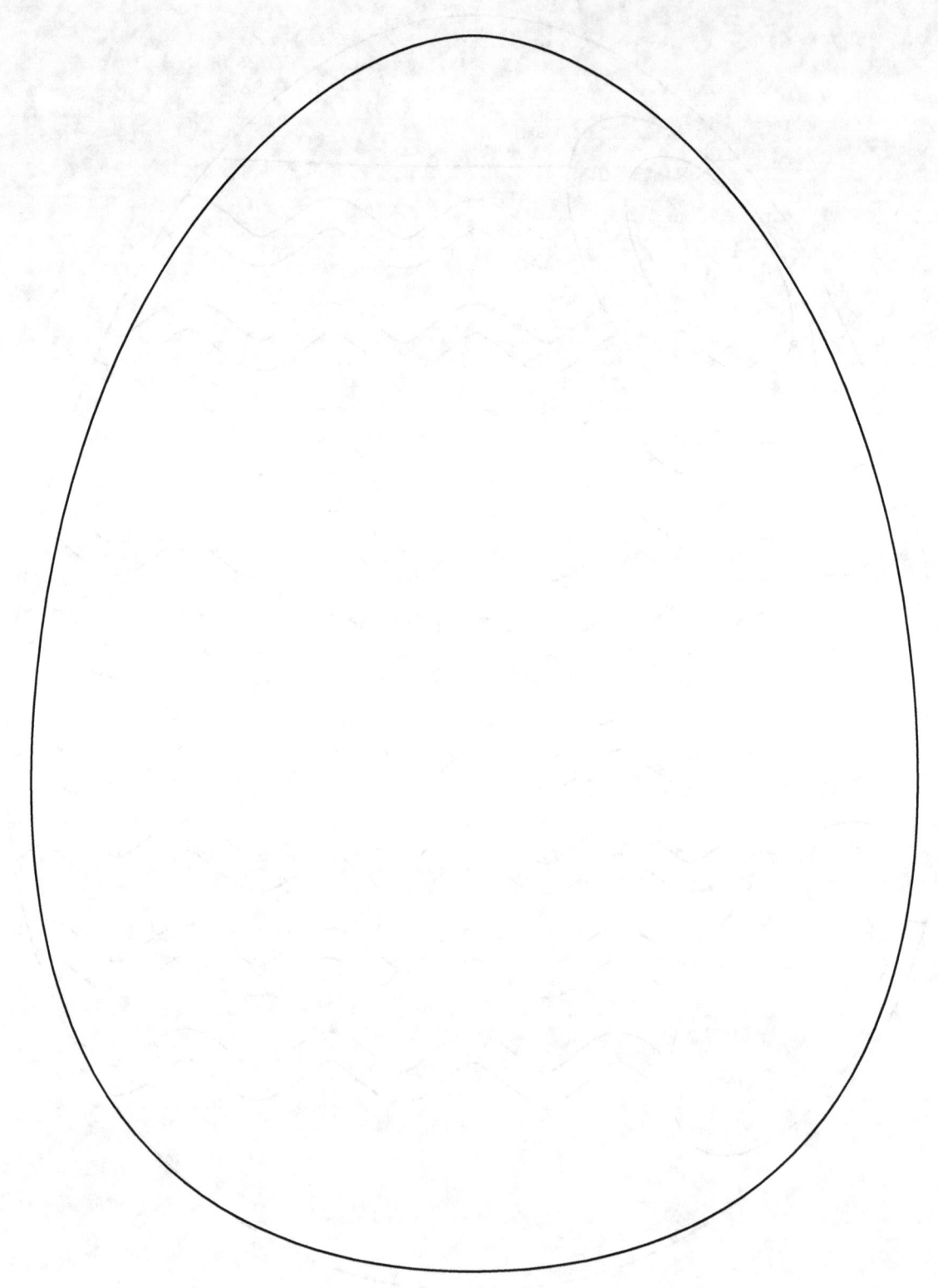

DRAW AND COLOR

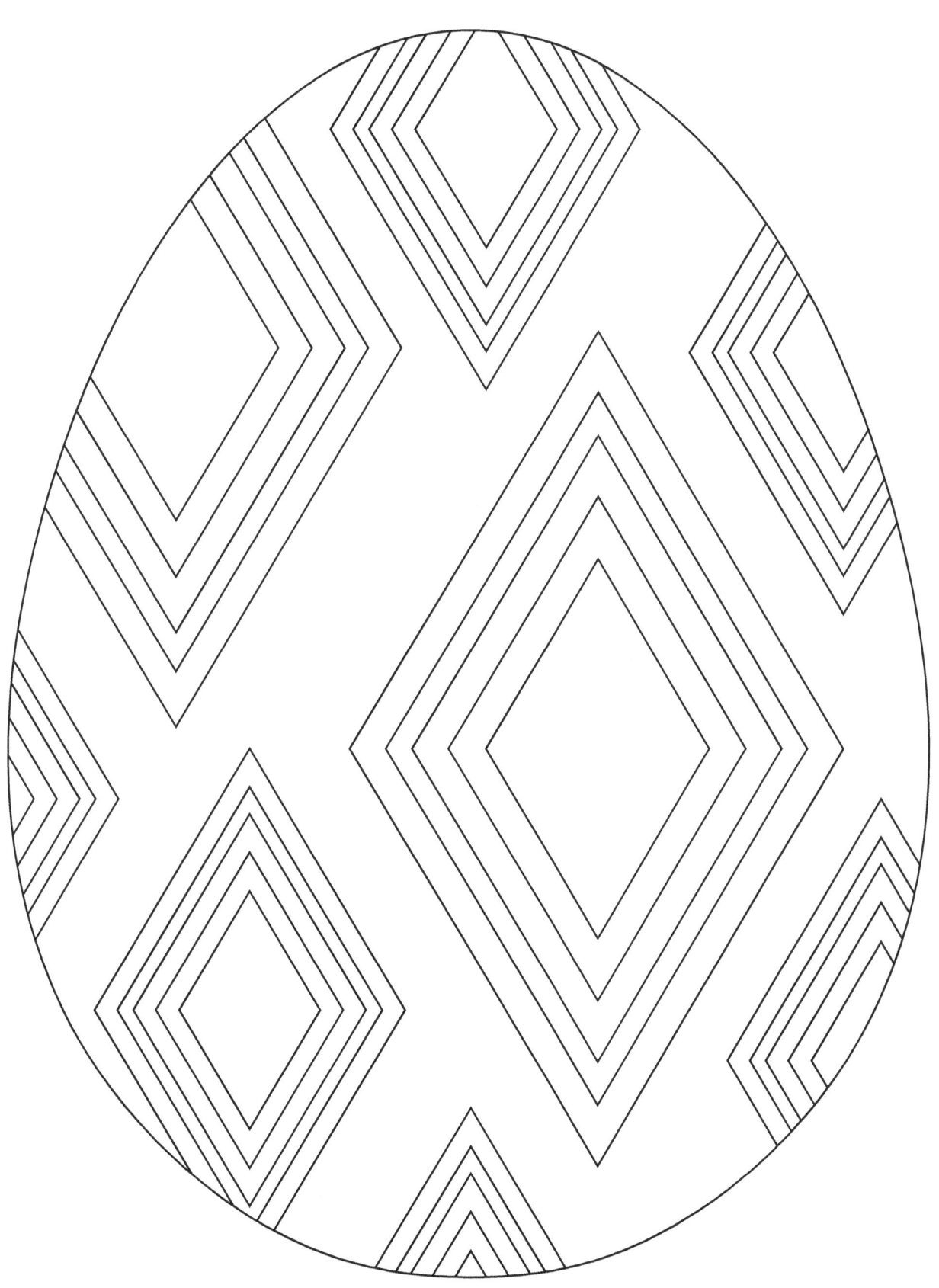

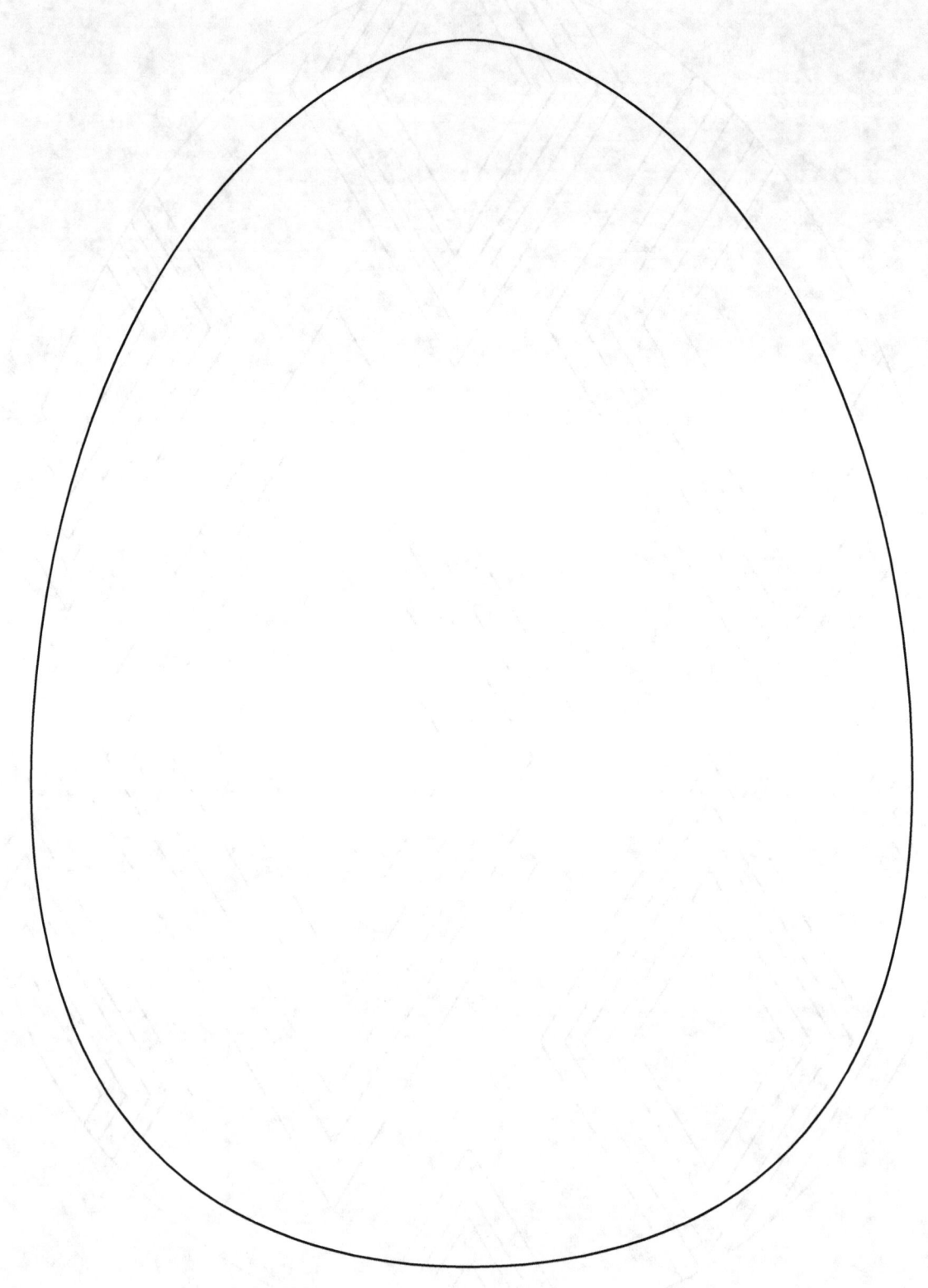

DRAW AND COLOR

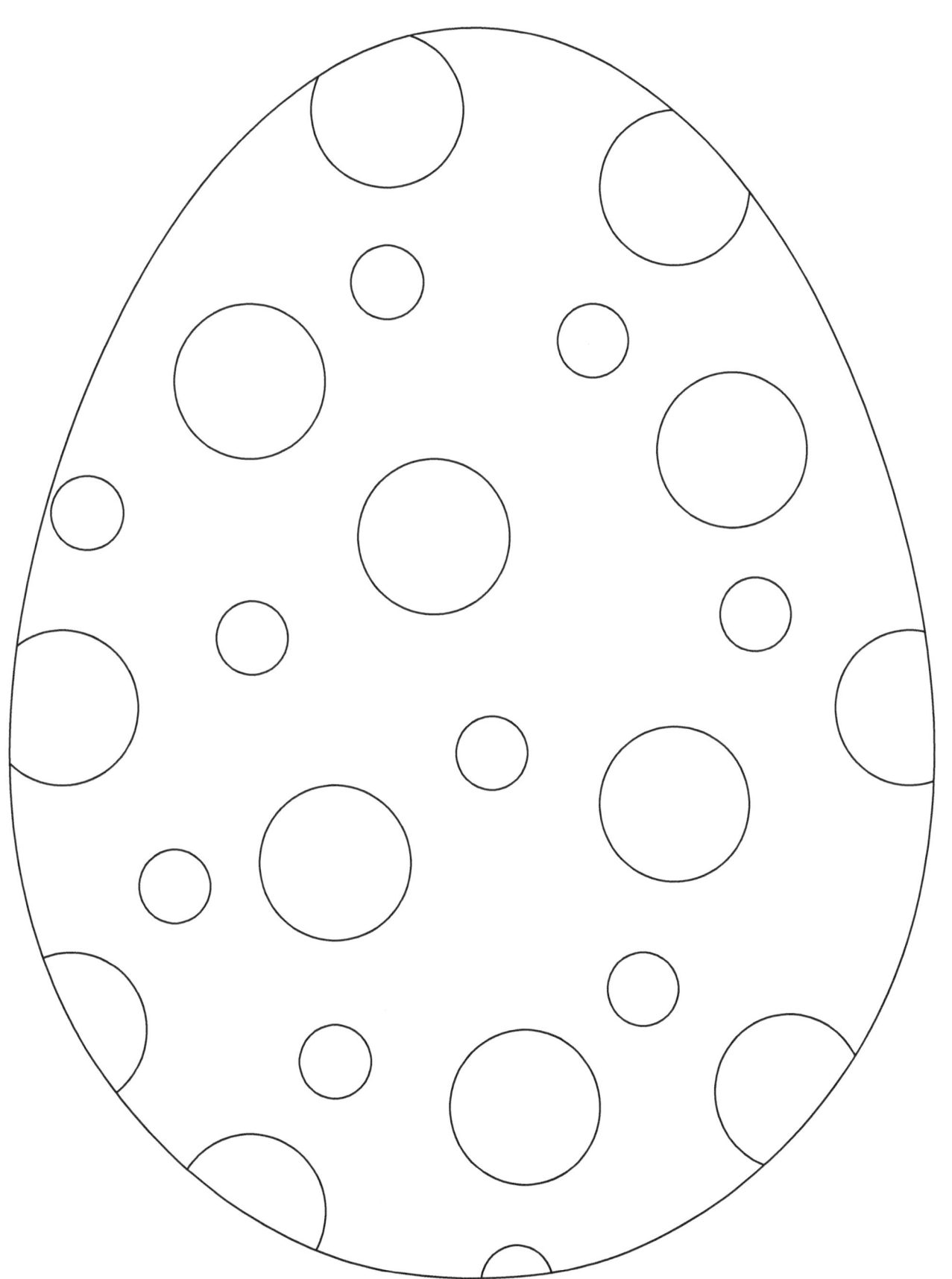

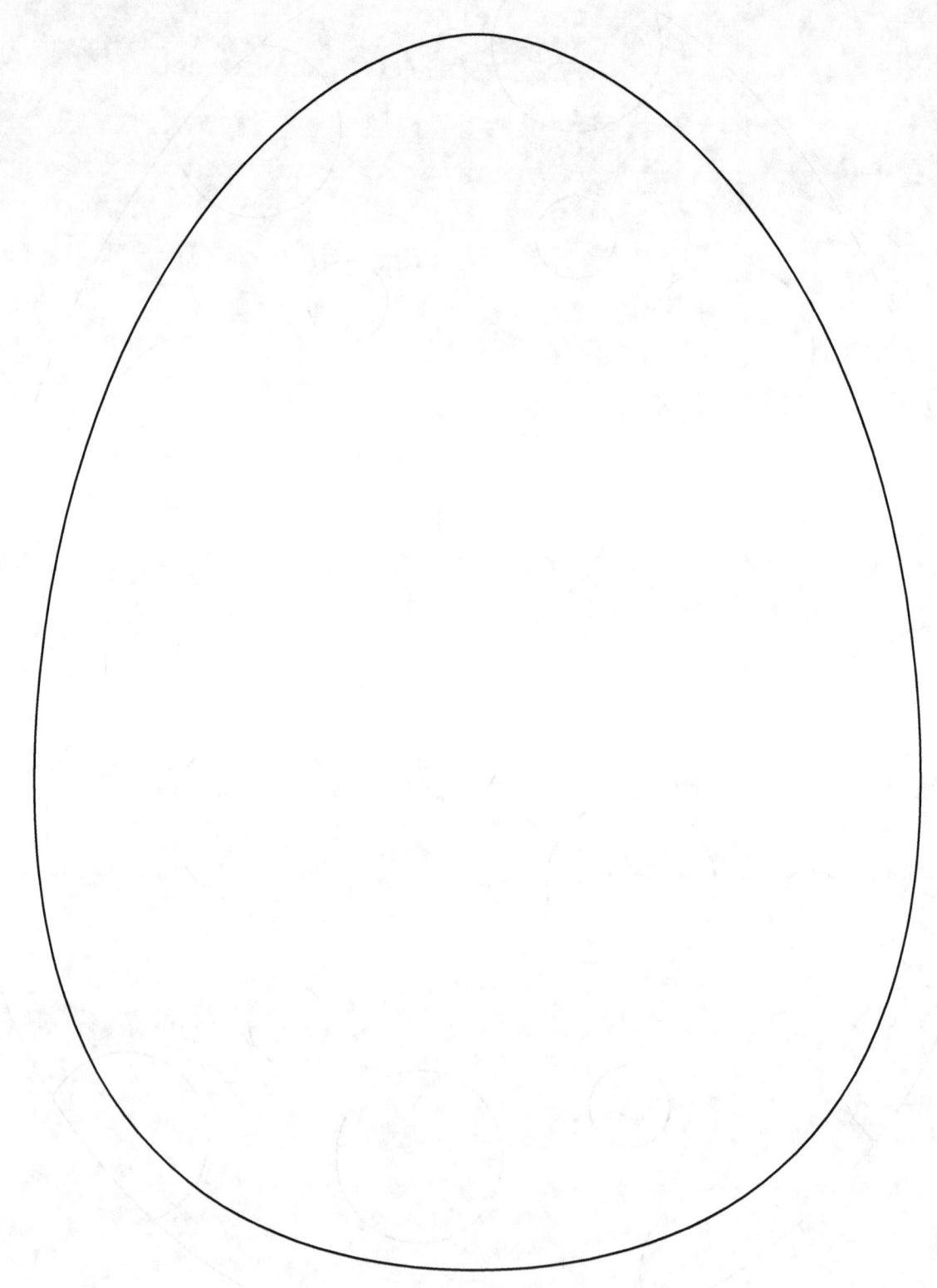

DRAW AND COLOR

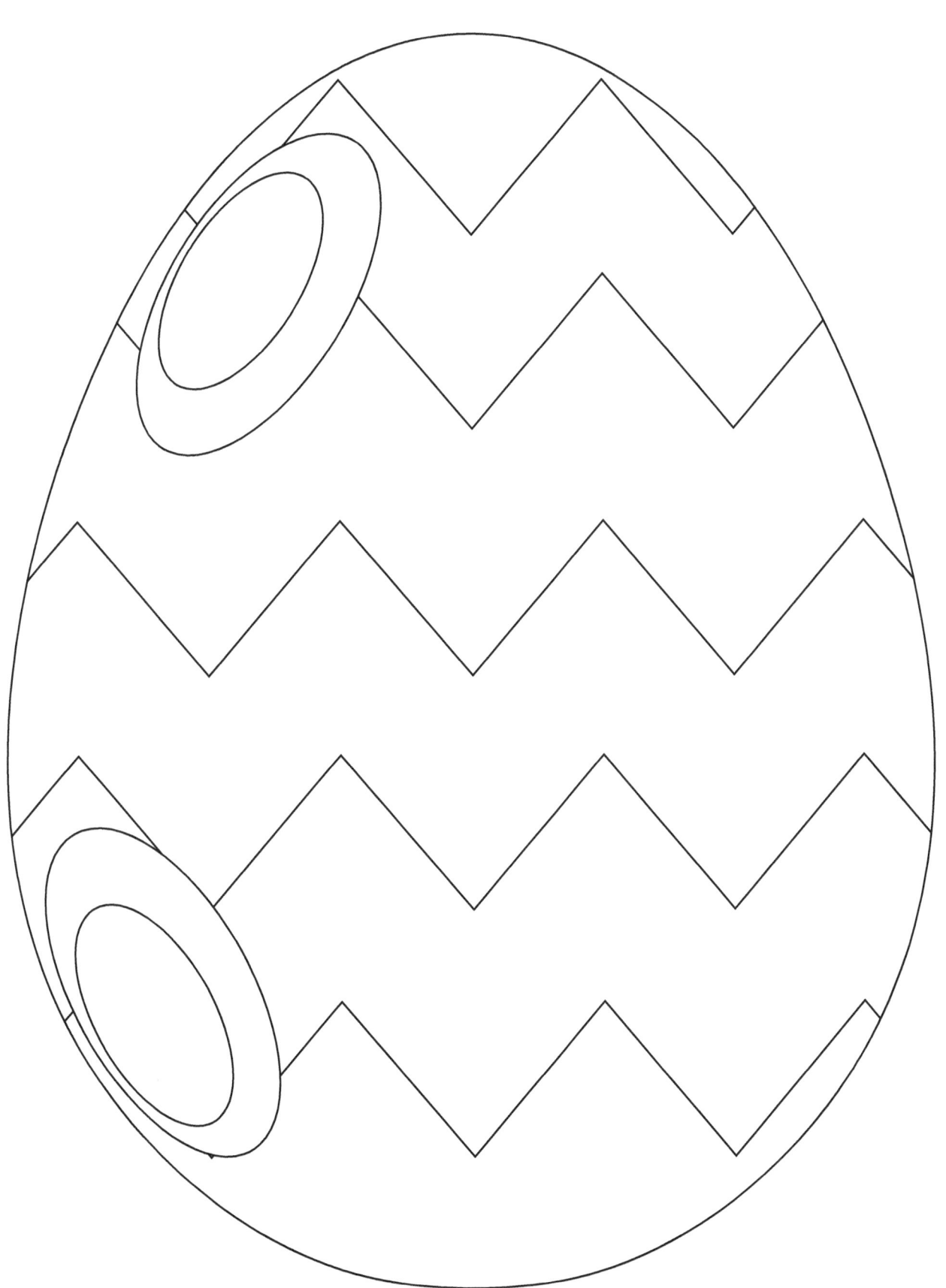

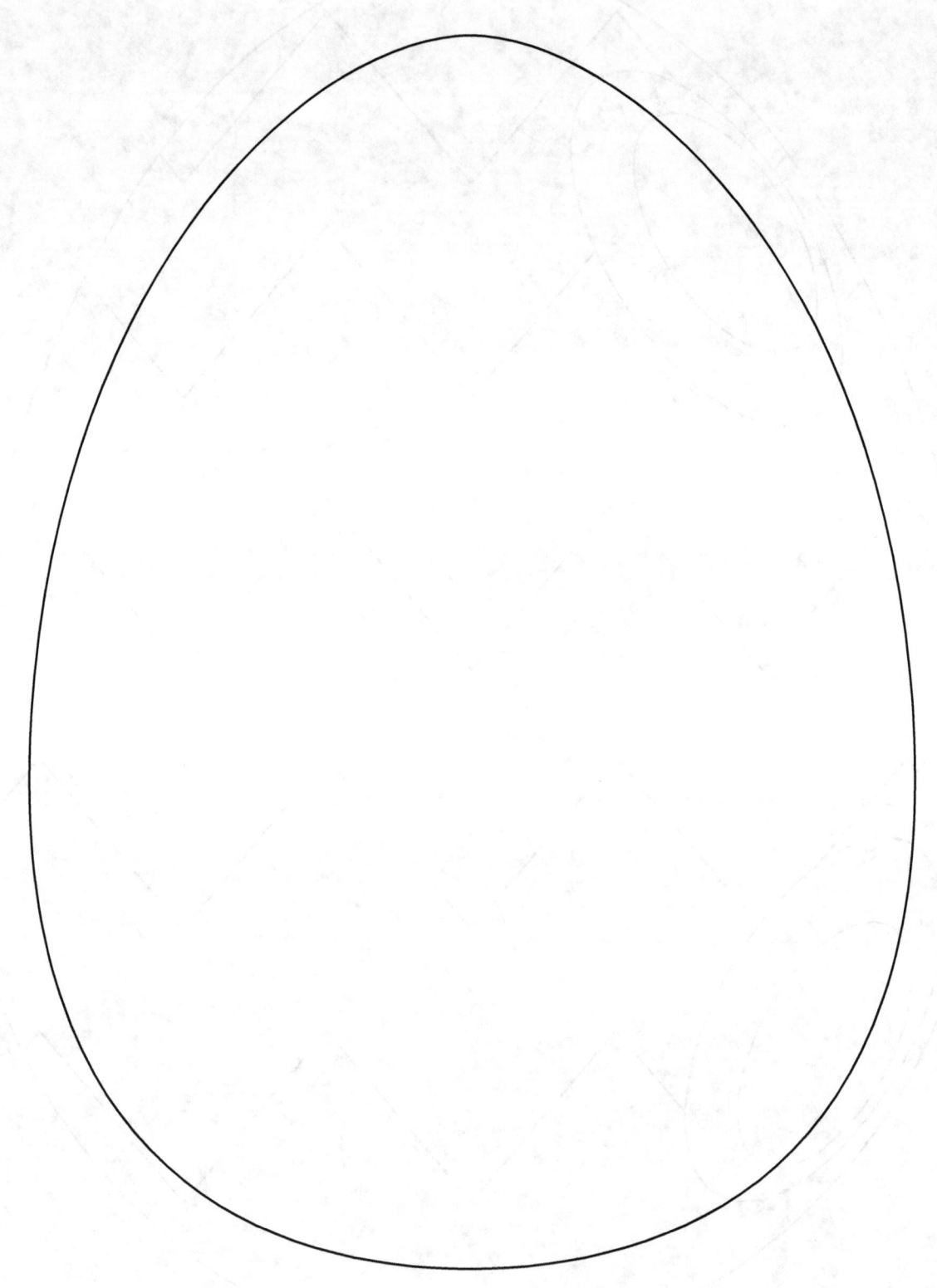

DRAW AND COLOR

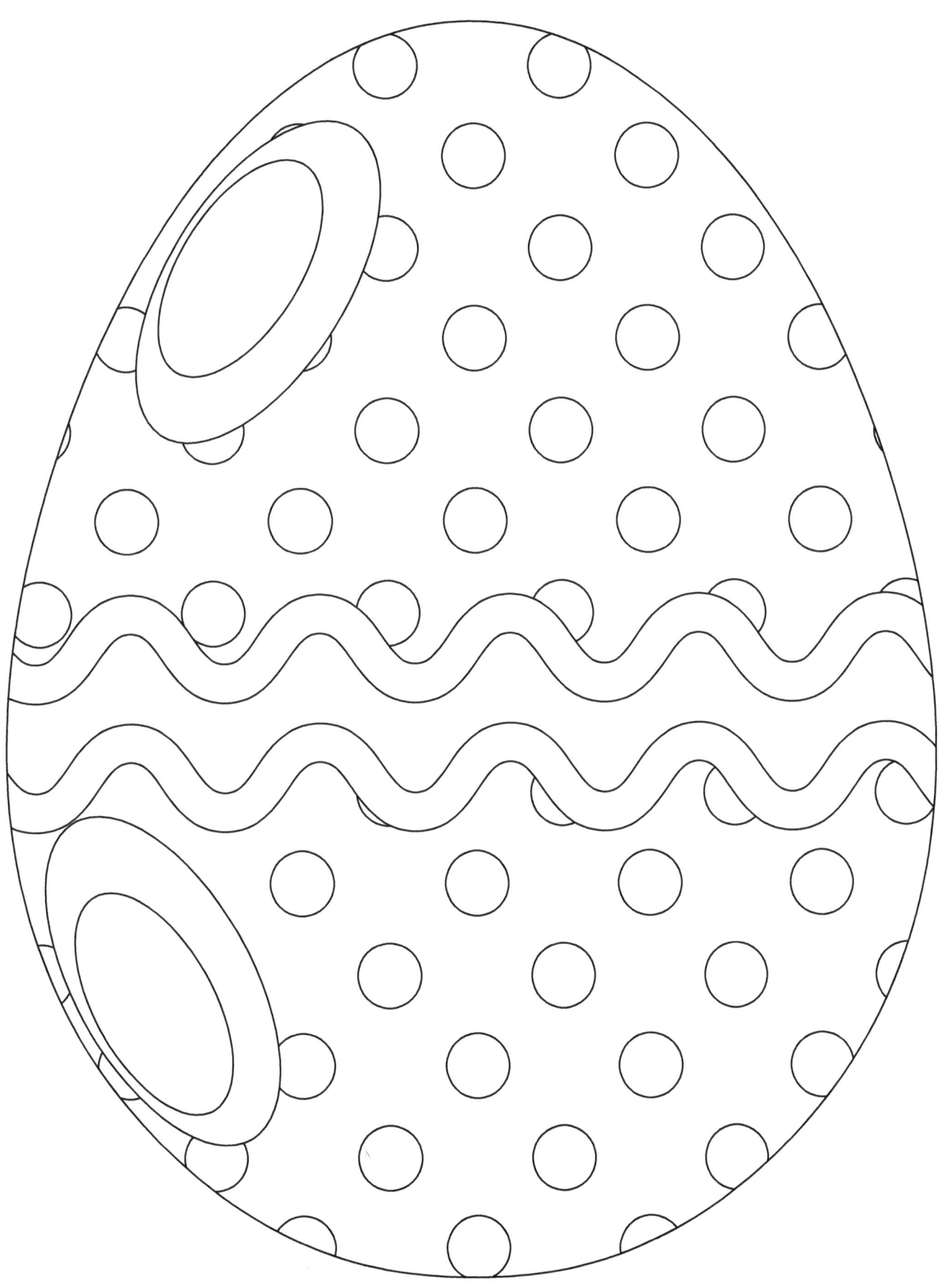

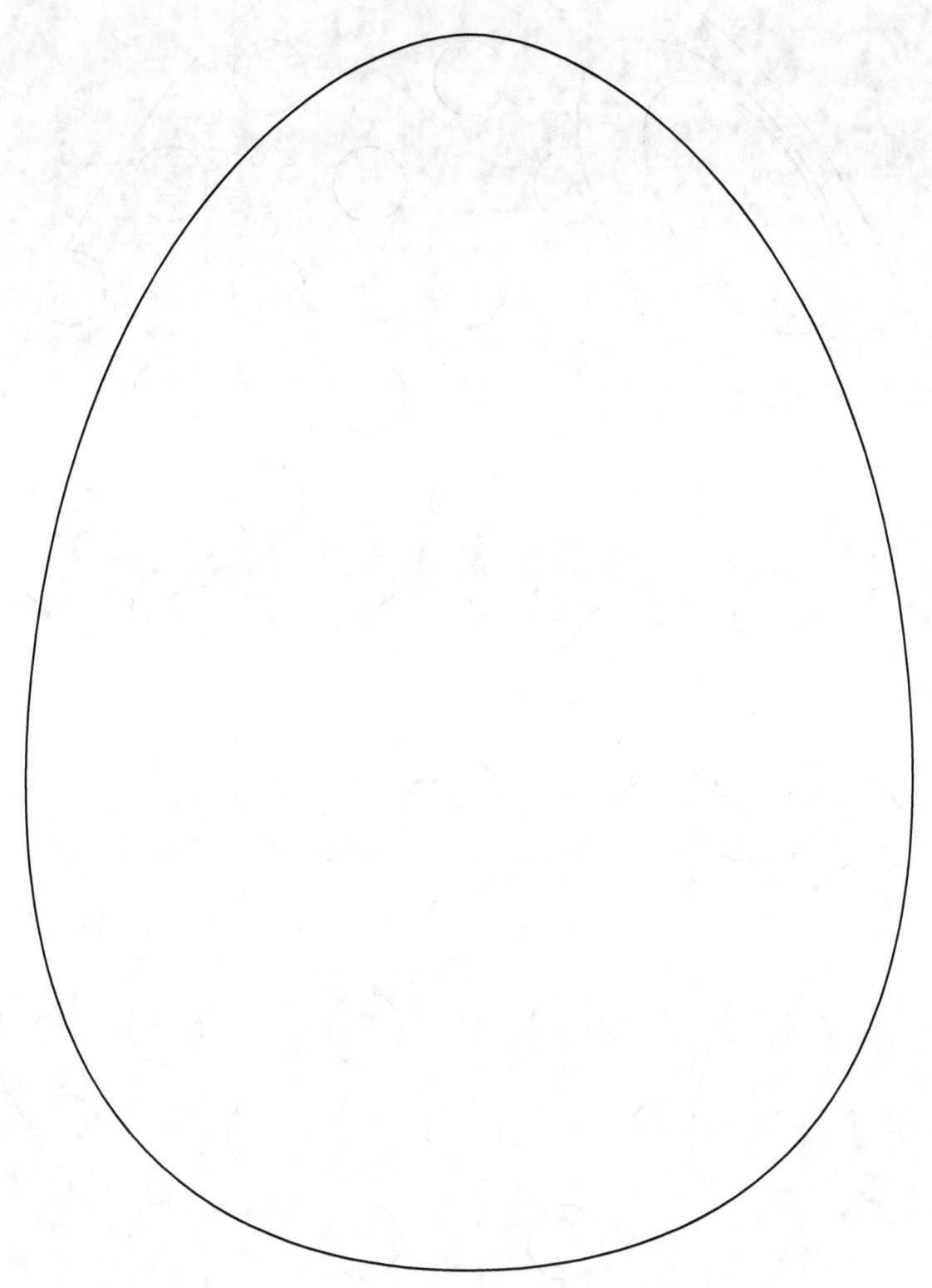

DRAW AND COLOR

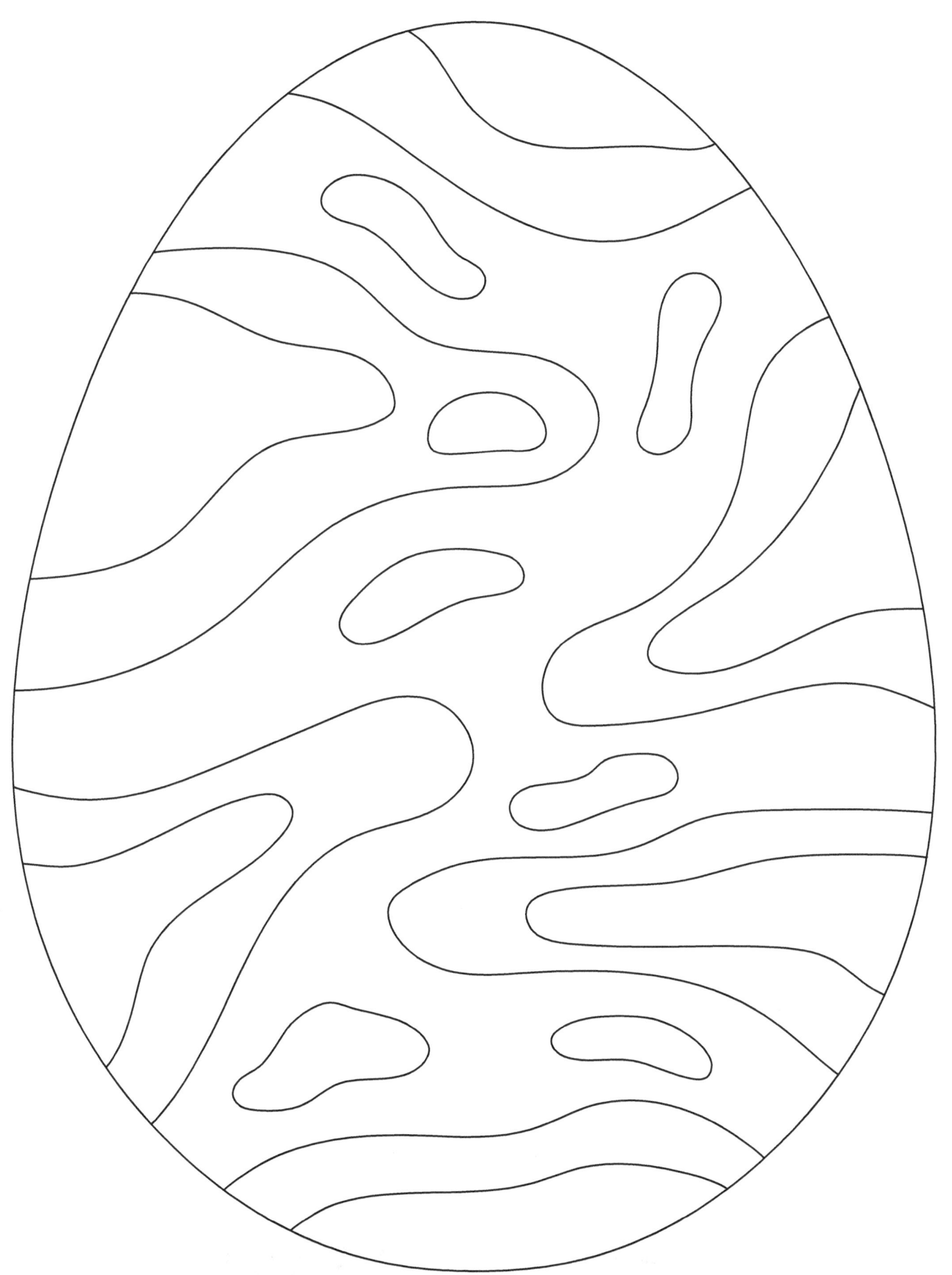

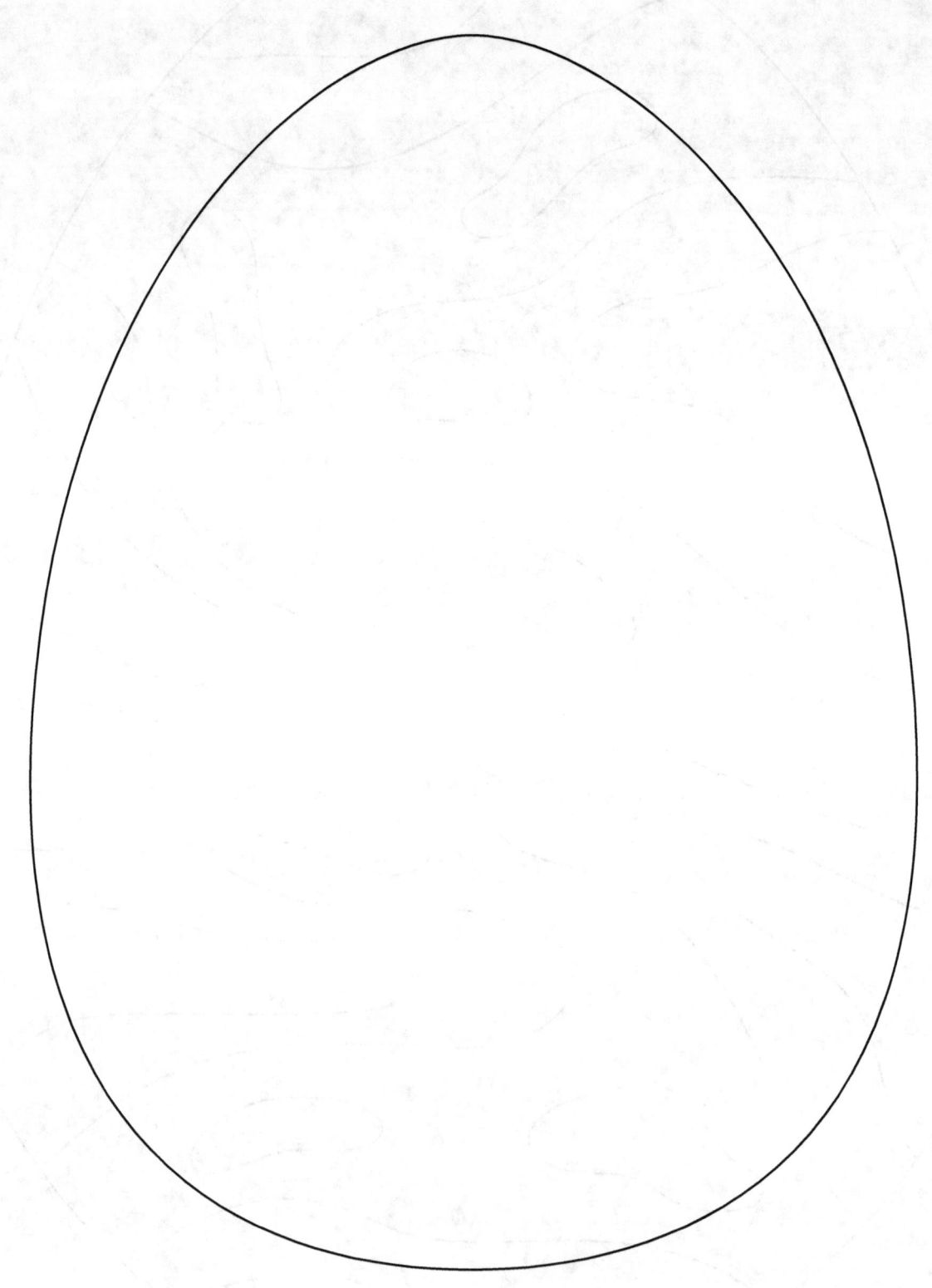

DRAW AND COLOR

www.ingramcontent.com/pod-product-compliance
Lightning Source LLC
Chambersburg PA
CBHW080624220526
45467CB00011B/3357